人はなぜ錯《さく》視《し》にだまされるのか？

トリック・アイズ メカニズム

錯視ワールドへようこそ!

止まっているはずなのに動いて見える!?

「赤い蛇の回転の詰め合わせ」➡ 作品解説は14ページより

平面なのに膨らんで見える不思議

「アトランティス」➡ 作品解説は68ページより

「サイコロジカルな図形」➡ 作品解説は62ページより

Welcome to the illusion world

えっ、どっちも同じ色の犬なの？

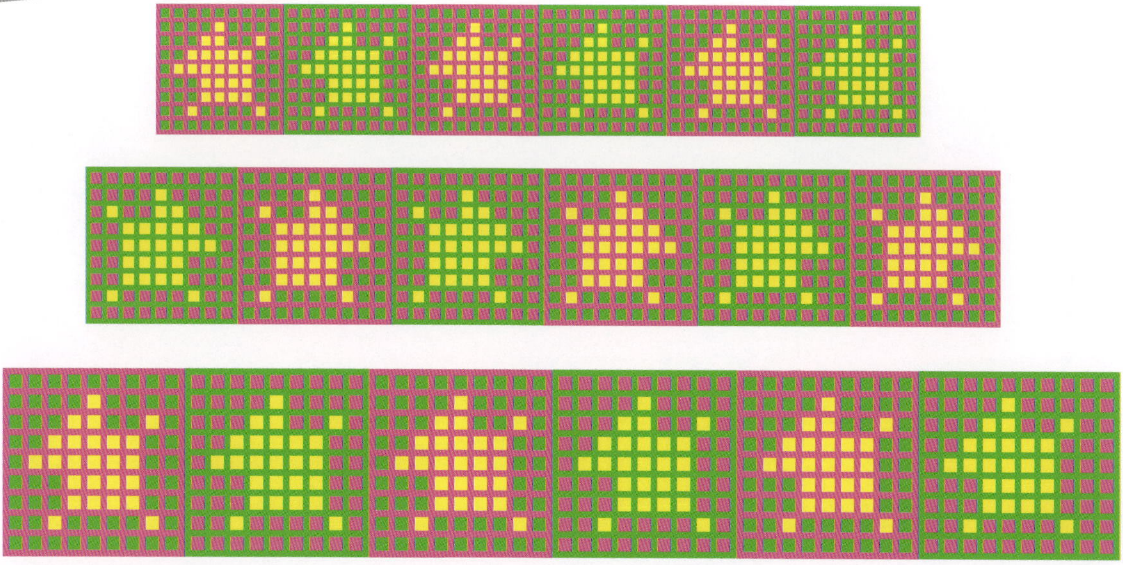

「2色の犬」➡ 作品解説は89ページより

チカチカ、ギラギラする錯視！

「光る菊」➡ 作品解説は104ページより

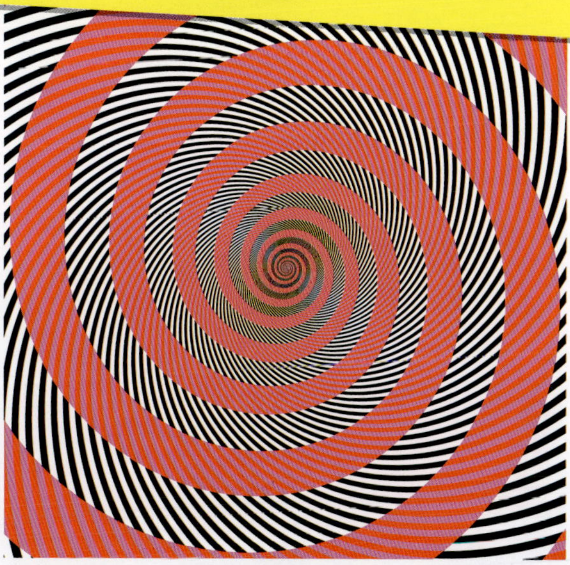

「ピンクのチューブ」➡ 作品解説は109ページより

PROLOGUE

人はなぜ錯視にだまされるのか？

錯視の多くは目ではなく脳で起こっている

錯視（さくし）というのは、日常の言葉でいえば、目の錯覚のことです。「錯覚」というと意味が広く、たとえば勘違いや思い違いも錯覚です。これらは、高次の心理現象（認知という）です。行為の失敗まで含めて、「錯誤」と呼ばれることもあります。 一方、蜃気楼やドップラー効果も錯覚です。こちらは、物理現象になります。

しかし、「錯視」というと、認知的錯覚や物理的錯覚は含まず、おもに知覚的錯覚のことを指します。同じ大きさのものが違って見えるとか、止まっているものが動いて見えるといった現象のことです。なお、目の錯覚といいますが、錯視の多くは目よりは脳で起こると考えられるようになってきています。

錯視に似た概念に、だまし絵とオプ効果があります。これら三者は厳密に区別されているわけではなく、視覚のメカニズムすべてを錯視と考える人さえいます。定義上分けておいた方が学問として話がしやすいので、次のような基準で私は分類しています。

錯視は、最初の段階から間違っている（見ることの役に立たない）知覚であり、だまし絵は、正しい（見ることの役に立つ）知覚のメカニズムを使っていながら最終的に間違えた知覚と考えています。オプ効果は、これらの定義だと錯視と同じですが、錯視は概しておとなしくて無害な雰囲気の現象なのに対し、オプ効果は活動的で侵襲的な（危険な）印象を与えるもの、あるいは実際に侵襲的な刺激と考えられます。

だまし絵やオプ効果も含めて、人はなぜ錯視にだまされるのかといいますと、人の脳と心がそのようにできているからです。詐欺師と錯視は一字違いですが、錯視は訂正不可能で何度でもだまされますから、ある意味詐欺師よりも強力です。

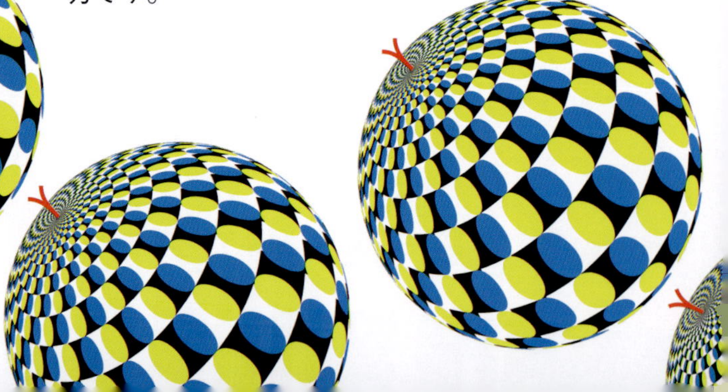

歴史が古い錯視研究 パソコンが革命を起こす

錯視は心理現象です。ものさしで測れませんし、脳を見てもわかりません。「心理学といえばカウンセリングのこと」と多くの人に勘違い（錯覚）されていますが、基礎的な心理学の中でも知覚の心理学は歴史が最も長く、多くの研究知見が蓄積されています。知覚心理学の中でも、錯視の研究は特に歴史が古く、1889年に発表された「ミュラー・リヤー錯視」（図1）でも発表が遅い方で、すでに19世紀の半ばには多くの錯視図形が考案されています。

ただし、この十数年間、錯視の種類と錯視図形の数は急増しています。これは、コンピューター（要するにパソコン）が使えるようになって、ペンとインクによる作図という技能を要する作業から解放されたためです。それまでは錯視図形は線画を描くことが多かったのですが、パソコンが得意とする塗りつぶしやグラデーションの画像（より自然画像に近いもの）に、これまで知られていなかった錯視がたくさん隠れていたのです。

本書では、「動き出す錯視」「形の錯視」「色の錯視」「オプアートと錯視」「顔の錯視とだまし絵」とカテゴリー分けをして作品を紹介していきます。錯視効果を見比べつつ、視覚研究の学問的おもしろさに触れていただければ幸いです。

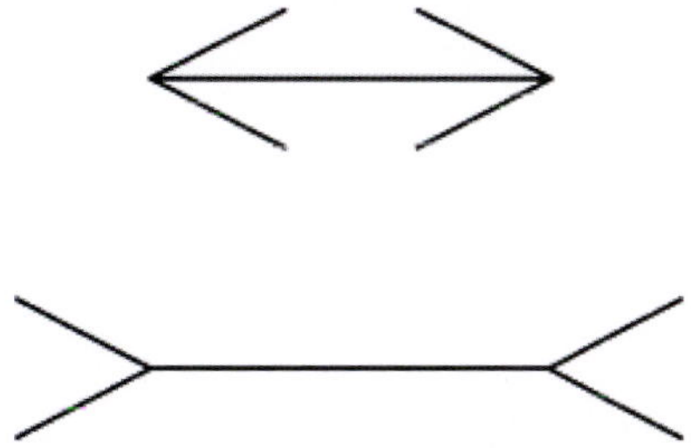

図1 ミュラー・リヤー錯視

水平線分は同じ長さであるが、内向きの矢羽の付いた上図では短く見え、外向きの矢羽の付いた下図では長く見える。

CONTENTS

錯視ワールドへようこそ! …… 002

PROLOGUE …… 004

Chapter1 動き出す錯視 …… 008

蛇の回転／蛇の回転・紫／赤い蛇の回転の詰め合わせ／太陽の回転／不可能図形的蛇の回転／アンモナイトの回転／藤の回転／赤い蛇／雨の環／コメの波 赤紫／地球の自転／並進運動／ローラー／珠／すべる正方形／牢獄崩壊／動く蛇

[解説01] 最適化型フレーザー・ウィルコックス錯視 …… 032

宝の山に目がくらむ／宝石の詰め合わせ／黄金の波／サクラソウの回転／神経回路の渦巻き／拡大パンジー／不死鳥／金の拡散

[解説02] なぜ動いているように見えるのか? …… 050

踊るハート達

[解説03] なぜハートが踊るのか? …… 054

Chapter2 形の錯視 …… 056

カメの回転／紫色のカフェウォール／サイコロジカルな図形／水路

[解説04] なぜ傾いているように見えるのか? …… 064

打ち上げ／回転クッション／アトランティス／関節

[解説05] なぜ膨らんで見えるのか? …… 070

ビーズ柳／藍藻

[解説06] なぜビーズが傾くのか? …… 074

運動会／うずしおセット／渦巻きの詰め合わせ／エアメールスパイラル

[解説07] なぜ渦巻きに見えるのか? …… 082

Chapter3 色の錯視 …… 084

武田信玄・風林火山／四色の犬／二色の犬／あじさい／黄ばみ／小家族／ぐるぐる3

[解説08] なぜ違う色に見えるのか？ …… 094

2つの環／青い2つの環／ピンクのハートとオレンジのハート／赤い玉と黄色い玉

[解説09] なぜ色が変わって見えるのか？ …… 100

Chapter4 オプアートと錯視 …… 102

光る菊／音波／蛇の放電／スピーカー／ピンクのチューブ

[解説10] なぜチカチカするのか？ …… 110

あさがお／蛍／音楽

[解説11] なぜ消えるのか？ …… 116

Chapter5 顔の錯視とだまし絵 …… 118

蝶／スカート／顔色がよくなる錯視／さかさま顔の過大視／横顔の顔ガクガク錯視2

おねえさん傾き錯視／サッチャー錯視のイラスト版／メタボ錯視／視線方向が変わって見えない画像変換・視線方向が変わって見える画像変換／ウォラストン錯視／上下方向のウォラストン錯視

箱入り娘／赤い屋根／箱傾き錯視／芯なし不可能トイレットペーパー／動くルビンの盃／メールボックス／錯視砦の三錯視／奥穂高湖

EPILOGUE …… 126

Chapter 1
動き出す錯視

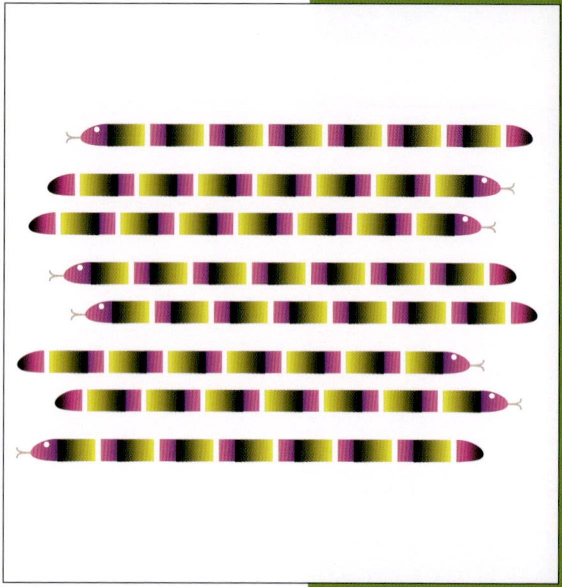

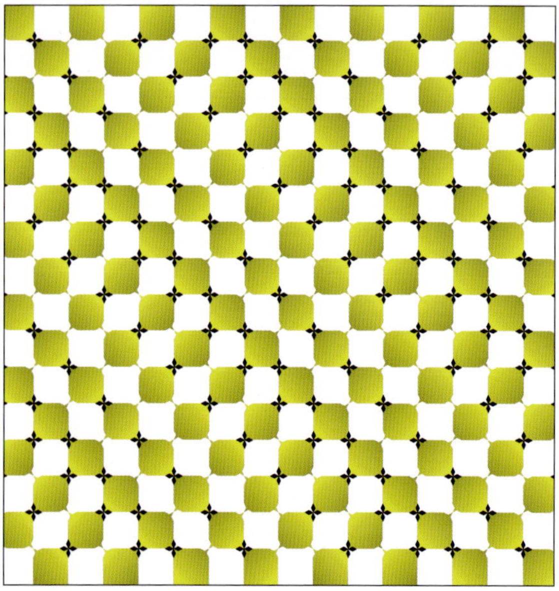

描いたものが動き出す
その夢を実現したのは…?

描いたものが動き出す、というのは永らく童話の世界でした。ルネサンス期の巨匠、レオナルド・ダ・ヴィンチをもってしても、生き生きした絵を描く以上のことはできなかったのです。

この夢を最初に実現したのは、オプアートです。ただ、残念なことに、オプアートでよく用いられるオプ効果（ギラギラ・チカチカ効果）は生理現象的なノイズのようなものとみなされる傾向にあります。そうすると、描いたものが動き出すという感動を最初に実現したといえるのは、1979年のフレーザー・ウィルコックス錯視と1986年のオオウチ錯視ということになります。

本章では、これら2つの錯視に始まる「静止画が動いて見える錯視」の作品紹介とそのメカニズムの解説をしていきます。

Chapter1

回転する錯視

蛇の回転

「蛇」をデザインした円盤が一定方向にぐるぐると回転しているように見えます。それらの円盤をよく見てみると、黒、青、白、黄の４色でできていることがわかります。じっと見ていると、見つめている箇所ではなく、周辺の円盤がよく回転していることがわかるでしょう。見ているところのことを「中心視」、見ている周辺のことを「周辺視」といいます。蛇の回転は「周辺視」でよく動く錯視といえます。

20人に１人くらいの割合で回転して見えない人もいます。

TRICK POINT

◉ 歯車のように回転する

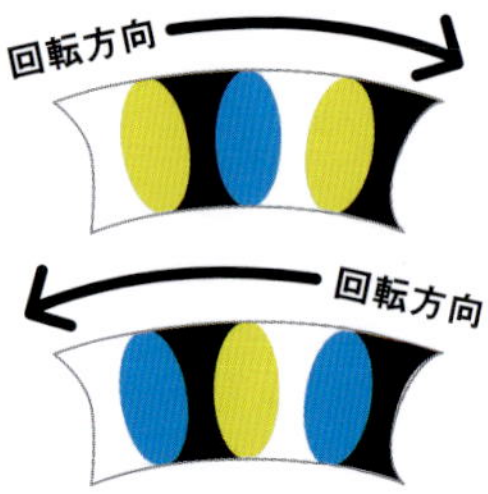

円盤は、黒→青→白→黄の方向に回転して見える。たとえば一番左上の円盤は反時計回りに、その右隣の円盤は時計回りに回って見える。回転方向の異なる円盤が交互に配置されることで、歯車のように動いて見える。

回転する錯視

蛇の回転・紫

それぞれの円盤が回転して見えます。「蛇の回転」(P10)の色違いで、本作品の方が錯視量は多くなっています。もともと「蛇の回転」は、黒→濃い灰色→白→薄い灰色→黒の方向に動いて見える錯視で、色は必須ではないのですが、濃い灰色を青か赤で置き換えると錯視が強くなり、薄い灰色を黄か緑で置き換えると錯視が強くなります。

本作品は、青と赤の合成色である紫と、黄と緑の合成色である黄緑でそれぞれ置き換えて、錯視量の多い作品としています。

TRICK POINT

◉「蛇の回転」グレードアップ版

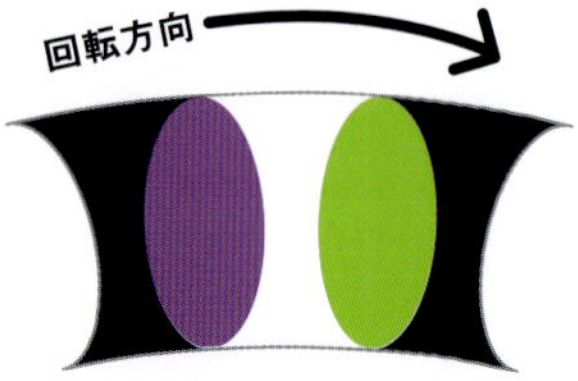

円盤は、黒→紫→白→黄緑の方向に回転して見える。静止画が動いて見える錯視に色が促進的効果を持つ、ということはまだ経験則なので、着色画像とモノクロ画像における錯視量の測定と比較が必要とされる。

回転する錯視

赤い蛇の回転の詰め合わせ

それぞれのリングが回転して見えます。これは最適化型フレーザー・ウィルコックス錯視のタイプⅠを回転錯視のデザインに仕上げたものです。

近くで見るとゆっくり回転して見え、遠くで見ると速く回転して見えますが、それらが同一の錯視であるかはわかっていません。最適化型フレーザー・ウィルコックス錯視は中心視よりもやや周辺視で起こる錯視なので、網膜像は大きい方が効果的ですが、この作品ではそれが小さくても十分錯視が起こっています。

TRICK POINT

◉ 交互になっている回転方向

回転方向はリングによって異なり、たとえば左上のリングは、外側から反時計回り、反時計回り、時計回りであり、その上下はそれぞれ反対方向になっている。

回転する錯視

太陽の回転

太陽が時計回りに回転して見えます。最適化型フレーザー・ウィルコックス錯視のタイプⅡaは、描くのは比較的簡単ですが、十分な錯視効果を得たい場合は、動く方向と垂直の方向に図形が短い方が好ましいのです。本作品では同色のパターンは放射方向につながっていますが、波打たせることによって、錯視量の低下を防いでいます。

TRICK POINT

◉ 色のパターンで太陽が回る

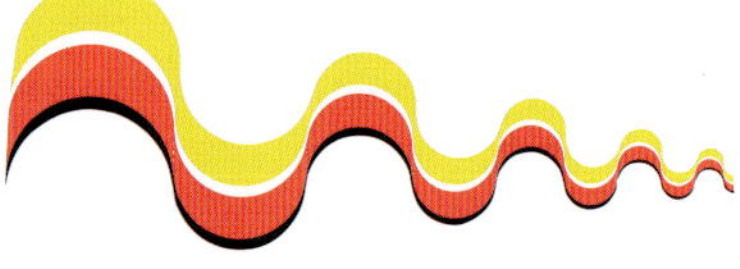

黒→赤→白→黄→黒の方向に動いて見える。この順番にパターンを並べれば錯視が起こる。波立たせていることで錯視効果の低下を防いでいる。

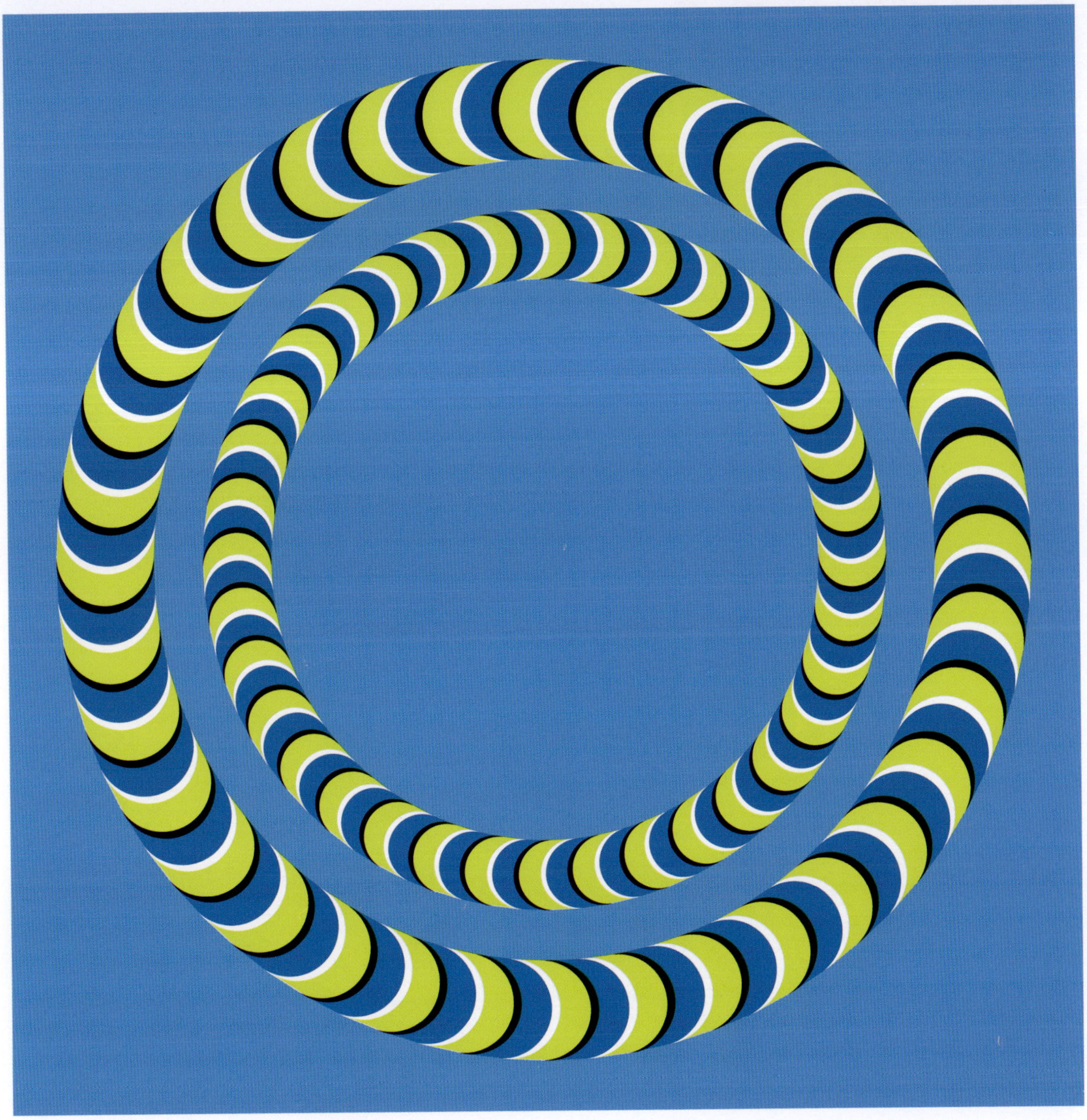

回転する錯視

不可能図形的蛇の回転

何もしなくても、リングが回転して見えます。外側のリングが静止して見える人も少なくないと思いますが、それは一番外側の視覚刺激は運動視では参照枠になりやすいからです。運動視では、参照枠は止まって見える傾向にあります。さらに曲線による凸面感を使った奥行き不可能図形になっていることで、デザインの不思議さが増しています。

TRICK POINT

◉ 奥行きを感じる不思議さ

内側のリングは時計回りに、外側のリングは反時計回りに回転して見える。実際には奥行きがないのに、奥行きがあるように見える。

※参照枠…ものを見る場合に安定した基準として扱われるもの。

回転する錯視

アンモナイトの回転

それぞれのアンモナイトに注目すると、一番外側のリングは静止して見え、内側の３つのリングが回転して見える人が多いと思います。

しかし、一番外側のリングは内側のリングの回転方向とは反対に回転して見えるように描いてあります。それは対象の一番外側は参照枠になりやすい性質があるからです。

TRICK POINT

◉ 設計通りではない錯視効果

黒→青→白→黄緑の方向に回って見える。設計上は、一番外側のリングと、内側のリングの回転方向が、反対に見えるようになっている。

回転する錯視

藤の回転

2つの藤の環がゆっくり回転して見えます。この錯視は、中心ドリフト錯視というグラデーションの錯視です。「赤い蛇」などの基本錯視である最適化型フレーザー・ウィルコックス錯視のタイプⅠと似ていますが、中心ドリフト錯視は中心視（見つめているところ）でも十分な錯視量があることなど、いくつか異なる点があります。

TRICK POINT

◉ ゆったりと回るように見える

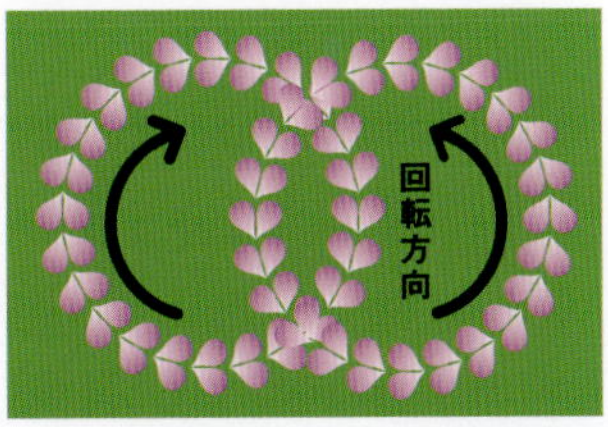

左のリングは時計回り、右の時計は反時計回りに回って見える。錯視が起きるまでの時間が相対的に長く、動きが緩慢であることも特徴である。

回転する錯視

赤い蛇

赤い蛇が一定方向に動いて見えますが、全体としては位置は変化しないという点が、この作品のおもしろいところです。最適化型フレーザー・ウィルコックス錯視のタイプⅠを使用したデザインです。この錯視をデザインにする場合は、回転錯視や拡大・縮小錯視にすることが多いのですが、本作品では無限記号「∞」のような姿にしてみました。

TRICK POINT

◉ 2種類のグラデーション

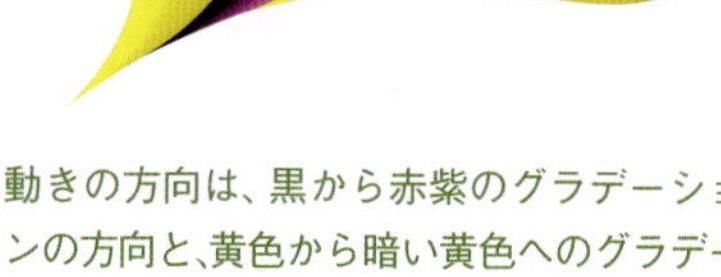

動きの方向は、黒から赤紫のグラデーションの方向と、黄色から暗い黄色へのグラデーションの方向。真っ直ぐよりも曲がったグラデーションの方が錯視量が多くなる。

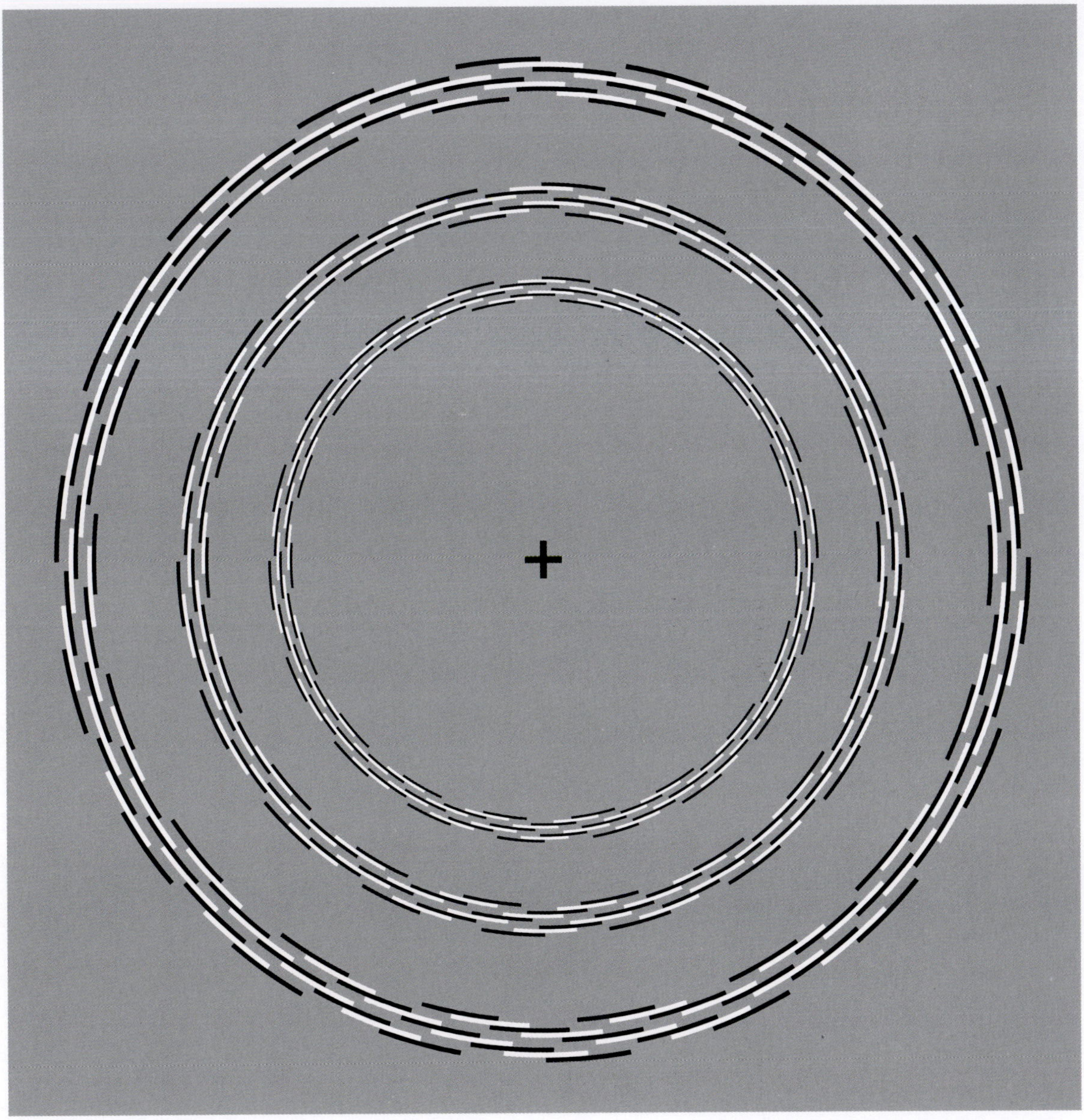

回転する
錯視

雨の環

中心を見ながら目を図に近づけると（図を目に近づけても同じ）、内側の２つのリングは反時計回りに回転して見えます。このとき、一番外側のリングは時計回りに回転して見える人もいるでしょう。反対に図から遠ざかるときには、内側の２つのリングは時計回りに回転して見えて、一番外側のリングは反時計回りに回転して見える人もいます。

TRICK POINT

内側と外側で回転方向が違う

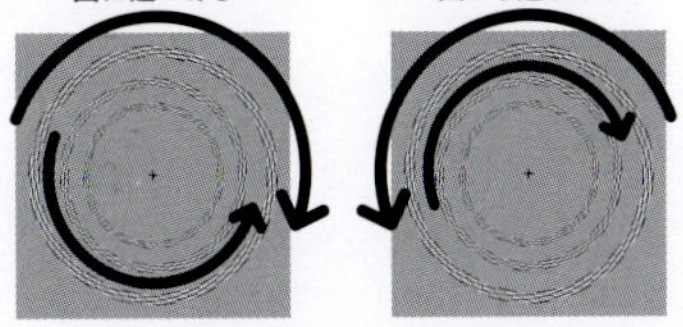

ほかの錯視効果として、内側の２つのリングは、時計回りに回転して中心に向かう渦巻きの一部に見える。その反対に、外側のリングは、反時計回りに回転して中心に向かう渦巻きの一部に見える人もいる。

波の錯視

コメの波 赤紫

眺めているだけで、図が波打って見えます。この作品ができる前にも波打って見える作品はありましたが、「何もしなくても動いて見える」錯視で波の錯視を作ったのは、これが初めてです。作り方はわかっているのに、波打って見える理由はいまだにわかっていません。

視覚の研究としても重要な作品で、これまで視覚における動きのパターンは、並進（平行）運動、回転運動、拡大・縮小運動の３種類に大別されると考えられてきましたが、さらに１つ加わったわけです。

TRICK POINT

◉ 並べ方で錯視効果が変わる

最適化型フレーザー・ウィルコックス錯視タイプⅡａを用いた作品。錯視を起こすパーツの向きを順番に変えて斜めに並べていくことで、波打っているように見える。

奥行き回転運動

地球の自転

つくりがシンプルなのであまり膨らんでは見えないかもしれませんが、静止画が動いて見える錯視を平行移動の形態で見せるだけでも、回転感を出すことができます。円の中に平行移動する錯視要素を入れることで、球体の奥行き方向の回転感が出せることを示しています。さらに円の周囲に近い錯視要素を内側のものより小さく描くことで、立体感を増強しています。動きの錯視は、最適化型フレーザー・ウィルコックス錯視のタイプⅡaが基本となっています。

TRICK POINT

◉ 色と大小で回転感を出す

円の中に錯視要素が入っている。錯視要素は、緑が黒と白で構成されていて、青→白→黄→黒→青の方向に動いて見える。円の内側より外側の方が小さいことで錯視が弱くなり、内外の速度差を生んでいる。

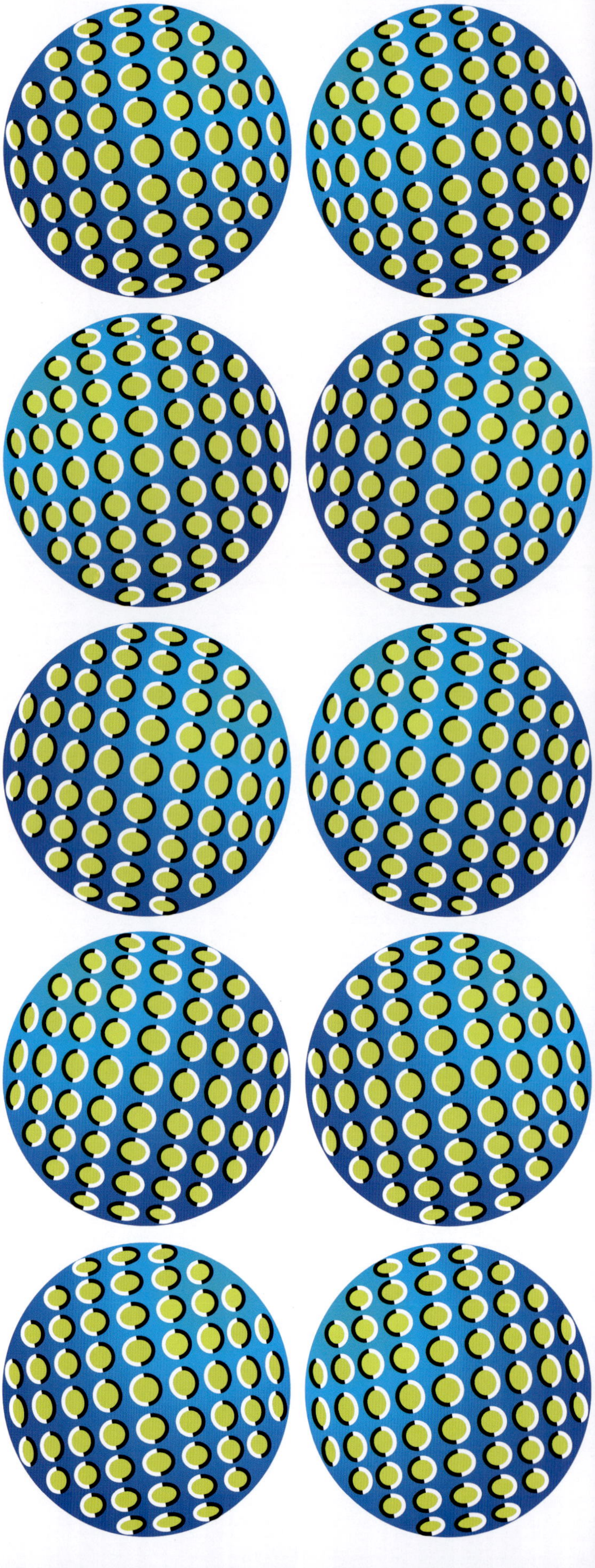

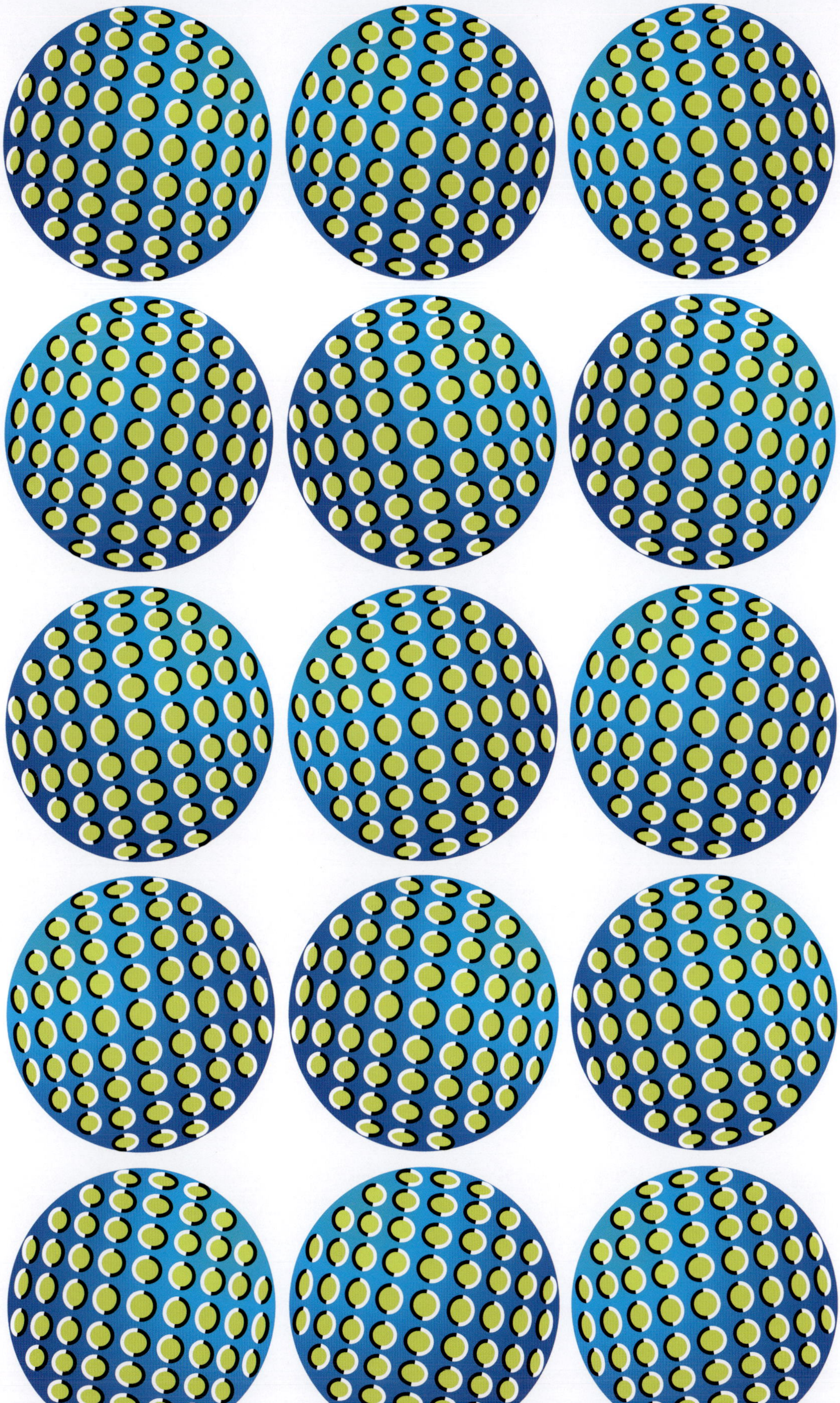

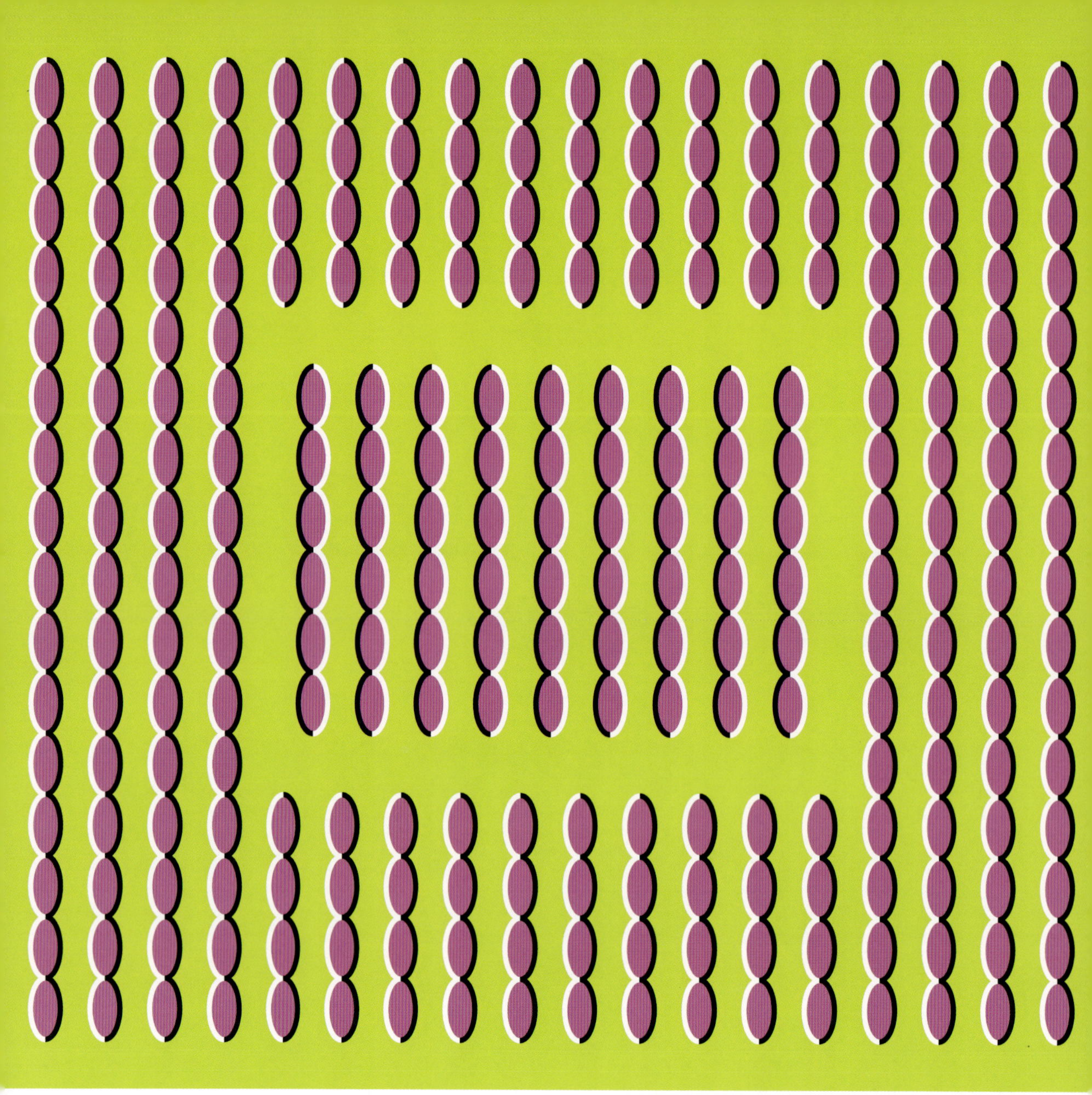

並進運動

並進運動

最適化型フレーザー・ウィルコックス錯視のタイプⅡaをデザイン化したものです。もっとも、この絵はデザイン（作品）というよりは、この錯視を示すための基本図形（科学）と考えた方が妥当です。本作品は、ニュートンムック別冊「錯視 完全図解」（2007年刊）の中で、静止画が動いて見える錯視を表現する方法の１つとして作成したものです。

TRICK POINT

◉ ブロックが動いて見える

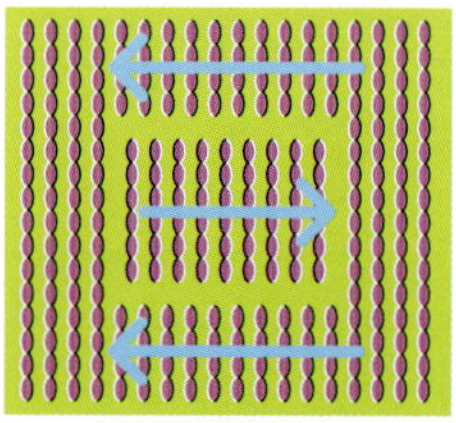

内側のブロックは右に、外側は左に動いて見える。内と外で方向が同じだと、錯視が弱い。錯視効果を最大にするため、赤紫と黄緑の配色になっている。

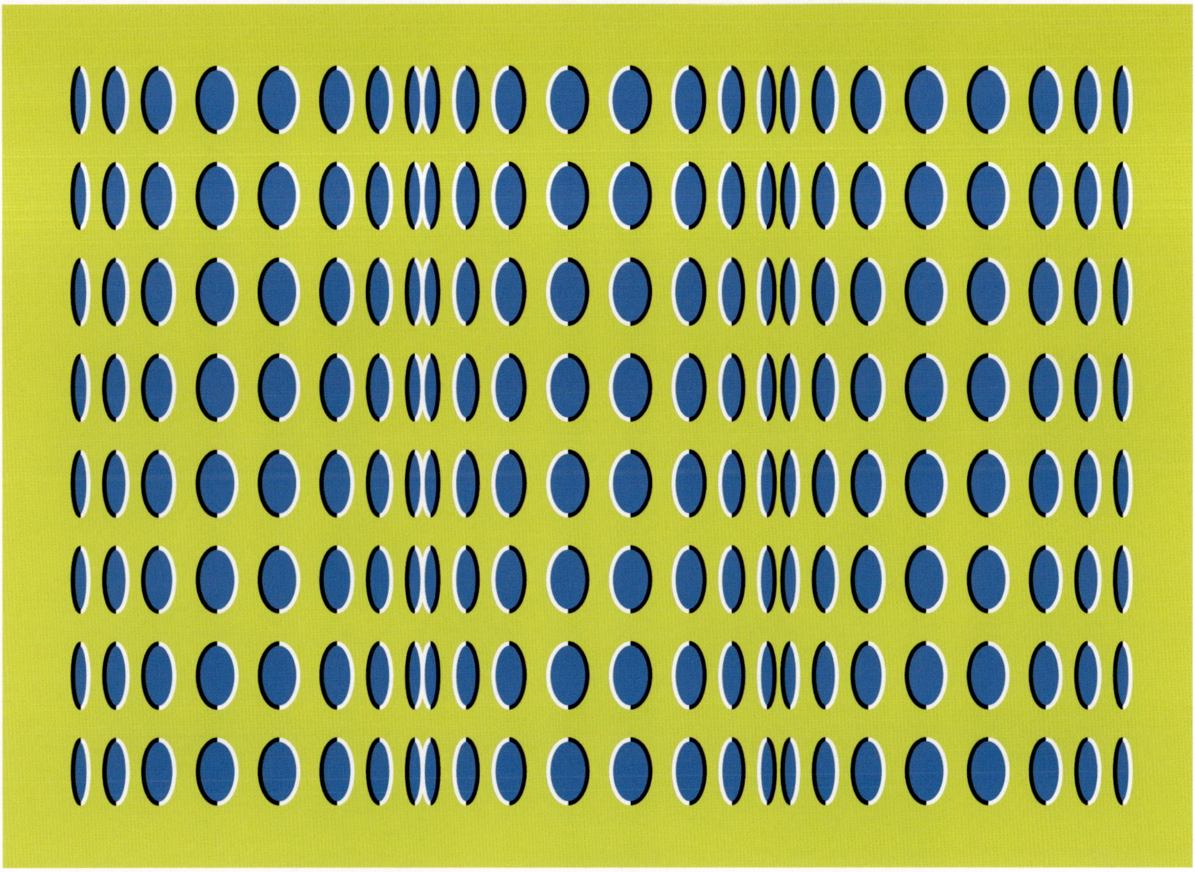

奥行き回転運動

ローラー

3本のローラーが奥行き方向に回転しているように見えます。最適化型フレーザー・ウィルコックス錯視のタイプⅡaを使った作品。左3分の1と右3分の1は右方向に、中央3分の1は左方向に、錯視パターンが平行移動して見えます。ローラーを側面から見たときのようなきめの勾配をつけることで、3次元的に回転しているように見せているわけです。

TRICK POINT

◉ 遠くの物は小さく見える

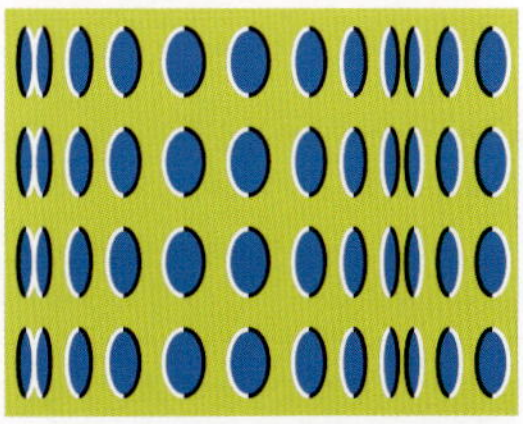

黒→青→白→黄の方向に動いて見える。遠くにある物は近くにある物に比べ小さく見えることから、パターンの粗さ・細かさをなめらかに変化させて立体的に見せている。

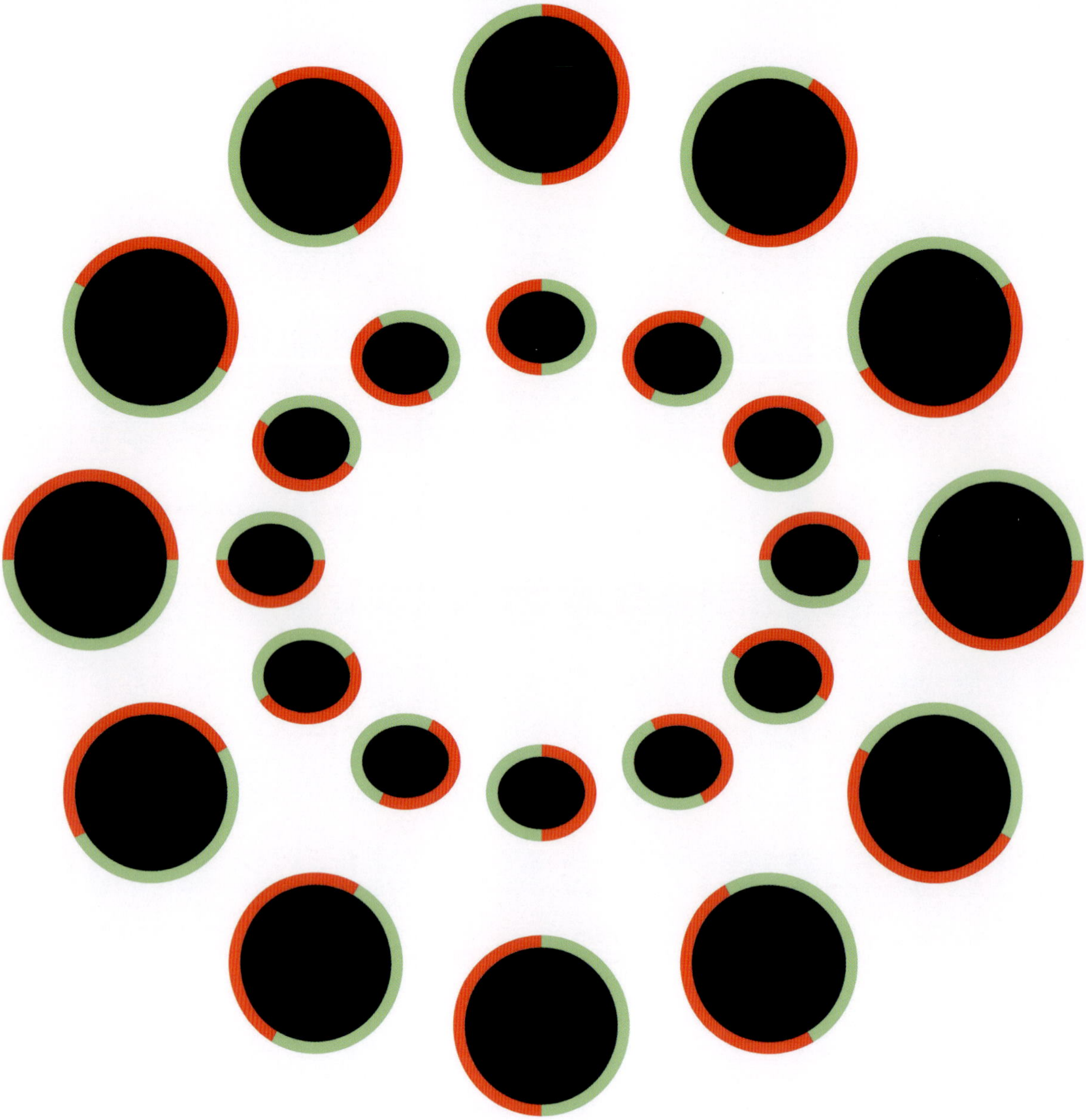

回転する錯視｜珠

最適化型フレーザー・ウィルコックス錯視のタイプⅡbを使った作品で、白→明るい青緑→黒→赤→白の方向に動いて見えます。他の作品と比べて錯視量は少なく、この作品に錯視を感じない人も多いと思います。本作品では明るい青緑と赤を使っていますが、これは薄い灰色と濃い灰色の代わりなので、青緑は赤よりも明るい色でなければなりません。

TRICK POINT

◉ 錯視量が少なめな作品

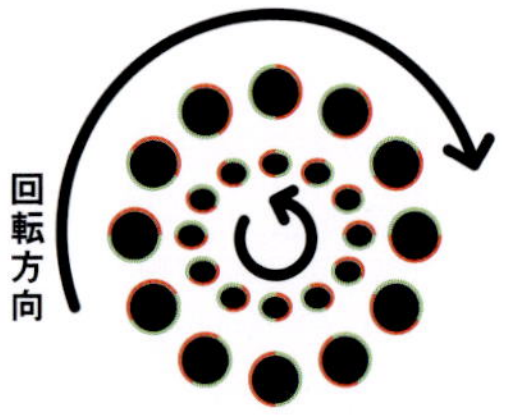

外側のリングは時計回りに、内側のリングは反時計回りに回転して見える。青緑を赤よりも暗い色にすると、リングの回転方向が反転する。

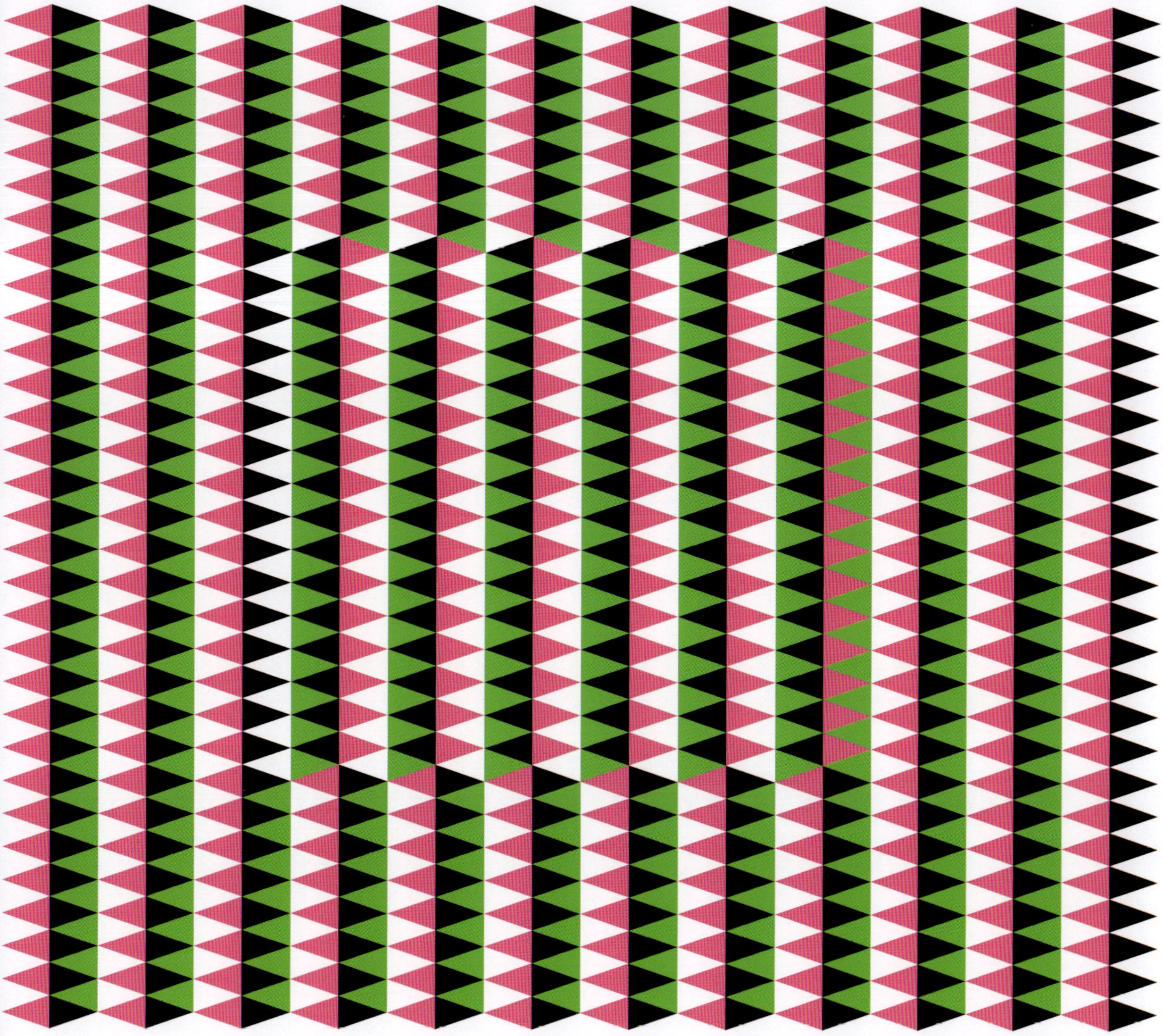

動いて見える錯視

すべる正方形

最適化型フレーザー・ウィルコックス錯視のタイプⅢを使った作品です。本作品には、動きの錯視のほかに、色の錯視もあります。眼鏡をかけている人は、顔を横に向けて眼鏡の端でこの図を見ると、黒・赤・白・シアンの部分と、青・マゼンタ・黄・緑の部分があるように見えますが、実際の色は黒・マゼンタ・白・緑。これは、色収差とその補正に関わる錯視です。

TRICK POINT

◉ 正方形がスライディングする

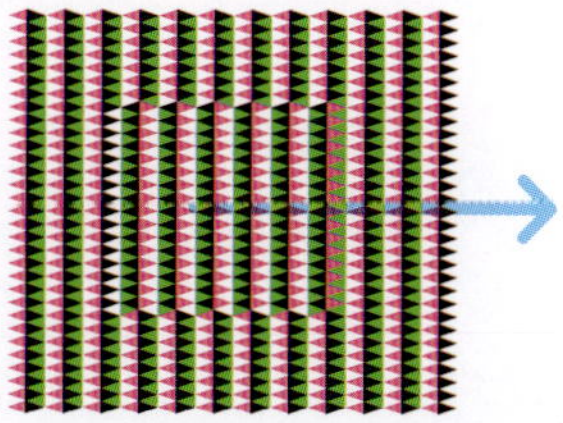

内側の正方形部分が右に動いて見えます。白→緑、黒→マゼンタ（明るい赤紫）の方向に動いて見えます。少数の人には外側の正方形が左に動いて見える。

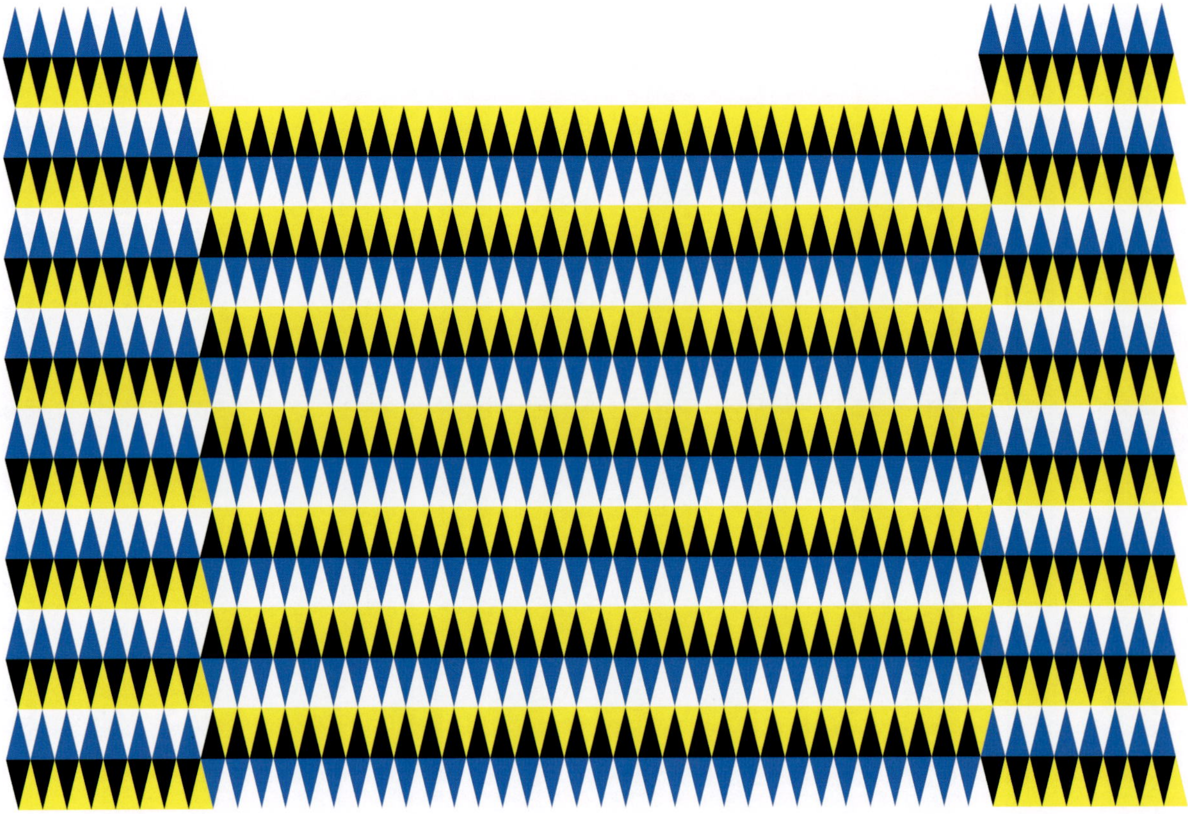

動いて見える錯視

牢獄崩壊

最適化型フレーザー・ウィルコックス錯視のタイプⅢを使った作品です。両端は上に動いて見えるようにデザインされていますが、多くの人が止まって見えるのは、それが図形の一番外側にあって、参照枠となるからです。両端も上向きの錯視の信号は出していますから、その分のしわ寄せが、内側にある下向きの錯視の増強となって現われています。

TRICK POINT

◉ 壁面が動き出す

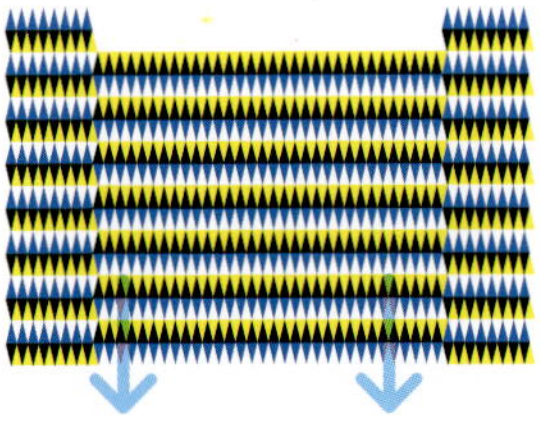

両端は上に動いて見える設計されているが、両端を除いて、「壁面」が下に動いて見える。白→黄、黒→青の方向に動いて見える。

※参照枠…運動視では「静止して見えやすい」部分、空間知覚では「垂直・水平に見えやすい」部分として現われるものが、参照枠である。

動いて見える錯視

動く蛇

黒から赤紫への方向の最適化型フレーザー・ウィルコックス錯視のタイプⅢを使った作品です。暗い赤紫から明るい赤紫へのグラデーションと黒から黄のグラデーションは、最適化型フレーザー・ウィルコックス錯視のタイプⅠとして、それぞれ順方向・逆方向の錯視を誘導しますが、両者相殺で、結局タイプⅢの錯視の効果が残ると考えられます。

TRICK POINT

◉ 黒→赤紫の方向へ

それぞれの蛇が頭の方向(黒→赤紫の方向)に動いて見える。黄から黒のグラデーションの方向に、中心ドリフト錯視という動きの錯視も入っている。

※中心ドリフト錯視…グラデーションが動いて見える錯視で、グラデーションと背景を比較して、輝度コントラスト(明るさの差)が小さいところから大きい方向に動いて見える。

［解説］
EXPLANATION
01

最適化型フレーザー・ウィルコックス錯視

動いて見える錯視のしくみ

何もしなくても動いて見える錯視

静止画が動いて見える錯視にはいろいろな種類があり、ここでは紹介しきれませんが、大きく分けると、「何かをすると動いて見える錯視」と、「何もしなくても動いて見える錯視」の2つに分けられます。前者は、たとえば、図を動かすとその方向や違う方向に動いて見える錯視のことで、作品例としては「踊るハート達」(P52) や「秋の沼」(P50) があります。

目には固視微動（ものをじっと見つめているときでも、眼球は不随意に動いていること）がありますから、前者の錯視なのに何もしないで動いて見えることもあります。後者の「何もしなくても動いて見える錯視」は、知覚された運動方向が眼球運動の動きの方向とは独立の錯視を指します。わかりやすく言うと、「目の動きの方向とは関係なく勝手に動いて見える錯視」のことです。

「何もしなくても動いて見える錯視」にも実はいろいろな種類があるのですが、ここでは「最適化型フレーザー・ウィルコックス錯視」を取り上げます。最適化型フレーザー・ウィルコックス錯視の錯視デザインには、「蛇の回転」(P10) や「コメの波 赤紫」(P 22) があります。

フレーザー・ウィルコックス錯視

まず、「最適化型」フレーザー・ウィルコックス錯視と呼ぶのですから、フレーザー・ウィルコックス錯視というものが先にあるわけです。図1が基本図形になります。1979年にフレーザーとウィルコックスが科学誌「ネイチャー」(Nature) に発表した図を単純化したものです。

彼らの報告では、左の円盤に相当する図が時計回りに、右の円盤に相当する図が反時計回りに回転して見える人が多かったのですが、逆に左の円盤に相当する図は反時計回りに、右の円盤に相当する図は時計回りに回転して見える人もいて、それらの個人差はある程度遺伝的に決まっているということを示した画期的な研究でした。

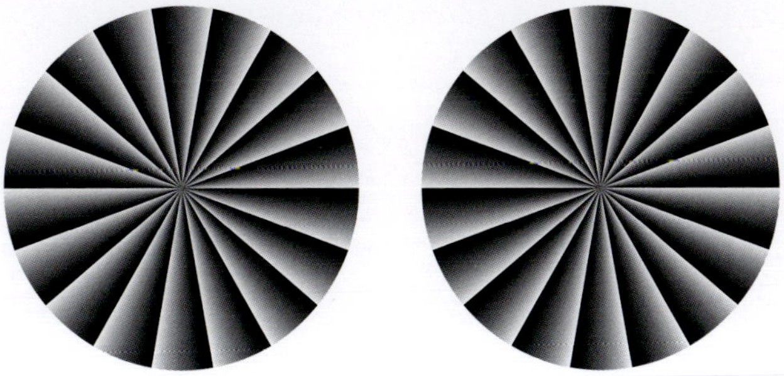

図1 フレーザー・ウィルコックス錯視

フレーザーとウィルコックスの原図を単純化したものである。左右の円盤は、互いに反対方向に回転して見える。左の円盤が時計回りに、右の円盤が反時計回りに回転して見えやすい。周辺視すなわち視野の中心からはずれたところで見た方が、錯視が強い。

「ネイチャー」とは最もレベルが高いとされる学術ジャーナル誌で、ライバルとの熾烈な競争に勝たなければ自分の論文を掲載してもらうことができません。「ネイチャー」に掲載された論文はサイエンスの世界では影響力が絶大です。ですから、「ネイチャー」に掲載された論文の研究テーマは、後続の研究を刺激・誘発し、大きな学問的潮流を形成する……はずなのですが、フレーザー・ウィルコックス錯視はそうはなりませんでした。次の論文が出るまでに、約20年の月日が経ちました。

20世紀から21世紀になろうとした頃に、ようやくフレーザー・ウィルコックス錯視を扱った論文が2本出ました。しかし、両論文とも遺伝の話はせず、フレーザー・ウィルコックス錯視の定義として、図1なら左の円盤が時計回りに、右の円盤が反時計回りに回転して見えることとしてしまいました。グラデーションで言えば、黒から白の方向に動いて見える錯視であると考えたのです。その理由は、おそらく逆の方向に動いて見える人が、研究者の身近に一人もいなかったからでしょう。

今となっては、その原因は、円盤の背景が白だったことだと指摘できます。円盤の背景が黒の場合、反対方向に回転して見えやすくなります（図2）。これは、後に述べます最適化型フレーザー・ウィルコックス錯視のタイプIの明→暗タイプの錯視ということになります。要するに、フレーザー・ウィルコックス錯視は、グラデーションの方向だけで動きの方向が決まっている錯視ではないのです。

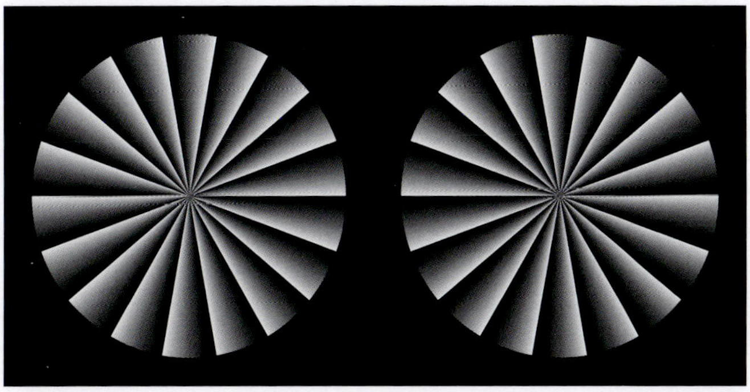

図2 「逆」フレーザー・ウィルコックス錯視

左の円盤は反時計回りに、右の円盤は時計回りに回転して見えやすい。

最適化型フレーザー・ウィルコックス錯視の発見

そのような経緯はまったく知らずに、当時、私は東京都神経科学総合研究所で錯視の研究をしておりました。かつて錯視と言えば形の錯視（幾何学的錯視）のことでしたから、私も形の錯視に取り組んでいました。当時熱中していたのが渦巻き錯視です。これは、同心円（中心が同じで大きさの異なる複数の円）が渦巻きあるいは螺旋に見える錯視のことです。

図3は、その頃年賀状用に作成した渦巻き錯視デザインです。「卯図」というタイトルで、灰色の同心円が渦巻きに見える、という錯視です。

ところが、その時は気づかなかったのですが、4年も後になって突然、この図に何もしなくても回転して見える錯視を発見しました。その原因を試行錯誤で調べた結果、短冊状に黒→濃い灰色→白→薄い灰色→黒の順番に繰り返し並べれば、最大の錯視量を得る（錯視が最強となる）ことがわかりました。そうしてできた基本図形が、図4です。

図3　年賀状用作品「卯図」

灰色の同心円が渦巻きに見える。さらに、左の円盤は反時計回りに、右の円盤は時計回りに回転して見える。

図4　「卯図」を単純化した基本図形

何もしなくても、左の円盤は反時計回りに、右の円盤は時計回りに回転して見える。周辺視すなわち視野の中心からはずれたところで見た方が、錯視が強い。

2001年4月に立命館大学に移っていた私と京都大学の蘆田《あしだ》は、このアイデアを日本視覚学会誌である「ヴィジョン(VISION)」に、英語で発表しました。2003年のことです。

そこでは、「このやり方でフレーザー・ウィルコックス錯視を最適化できます」という主張を書いたのですが、今から考えると勇み足だった可能性があります。なぜなら、フレーザー・ウィルコックス錯視はグラデーションの錯視であるのに対して、図4はそうではないからです。この考察不足は、後に、最適化型フレーザー・ウィルコックス錯視は単一の錯視であるかどうか怪しくなり、タイプⅠ(グラデーション型)とタイプⅡ(3領域型)、さらにはタイプⅢ(2領域型)に分類せざるを得ないという形で露呈してしまいます。

図5「卵図巻き」

何もしなくても、円盤は時計回り、あるいは反時計回りに回転して見える。『トリック・アイズ2』(カンゼン刊・2003年)の裏表紙に掲載され、これによって最適化型フレーザー・ウィルコックス錯視の錯視作品の人気に火がついた。

図6「蛇の回転」

何もしなくても、円盤は時計回り、あるいは反時計回りに回転して見える。「卵図巻き」が掲載された『トリック・アイズ2』(カンゼン刊・2003年)の裏表紙をHPで公開したところ好評で、さらに錯視量の多い回転錯視デザインを作成しようとして生まれた。

最適化型フレーザー・ウィルコックス錯視の分類

2005年にはアメリカの国際学会である視覚科学会（VSS）に参加し、「蛇の回転」や他の錯視デザインをデモナイトという場で発表して、一躍人気を集めました。とはいえ、学会発表をするからには、これらの錯視のことがよくわかっている必要があると考え、作り続けた膨大な数の錯視作品を眺めてみましたところ、あることに気づきました。これらは単一の錯視ではないのではないか、ということです。

そこで急遽国際学会のために考えられる分類表を作りました。そうしたところ基本的錯視はタイプⅠ、タイプⅡa、タイプⅡb、タイプⅢの4種類。その中に、暗→明の方向に動いて見えるサブタイプと明→暗の方向に動いて見えるサブタイプの2つがそれぞれ区別できるため、合計8種類ということになってしまいました（図7）。

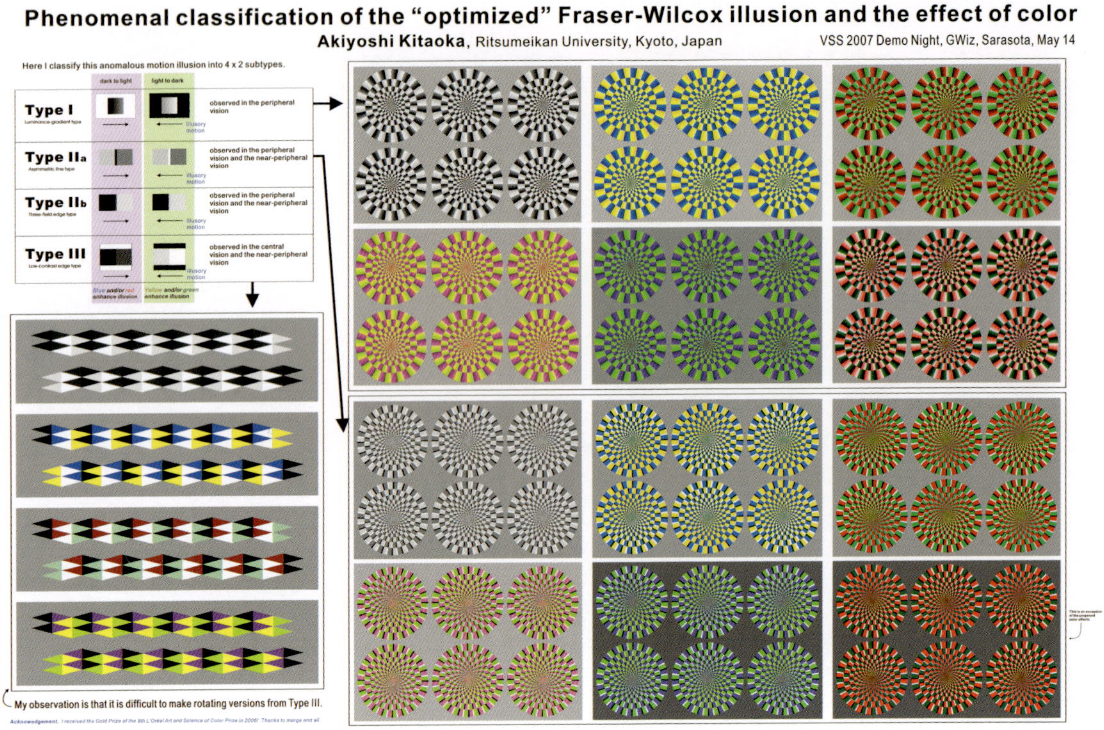

図7

2007年にアメリカの視覚科学会（VSS）において「最適化型フレーザー・ウィルコックス錯視の分類と色の効果」を発表した時のハンドアウト（配布資料）。左上に基本図形を示し、基本図形はあまり動いて見えないので、基本図形から構成したわかりやすい錯視デザインを豊富に示した。いろいろな色がついているのは、色がこの錯視群に及ぼす効果を示すためであった。

最適化型フレーザー・ウィルコックス錯視タイプI

タイプIというのは、輝度（明るさ）のグラデーションを描くことで引き起こされる錯視です。グラデーションの周囲がグラデーションよりも明るいと、グラデーションの暗い側から明るい側に動いて見えます（図8）。一方、周囲がグラデーションよりも暗いと、グラデーションの明るい側から暗い側に動いて見えます（図9）。フレーザーとウィルコックスの研究で、グラデーションのどちらの方向にも錯視が見られたことは、これら2つの錯視の力関係に依存して、どちらかが被験者には見えたためと考えられます。

図10は、これら2つを合わせた図形でタイプIと称します。図8と図9よりも錯視量が多いことがわかるでしょう。この錯視には色の効果が認められ、図8のタイプには赤と青、図9のタイプには黄と緑が促進的効果を持つらしいということがわかっています。図11の作品には、この最適化型フレーザー・ウィルコックス錯視のタイプIが使われていますが、「促進色」としては、それぞれ青と黄を使用しています。「赤い蛇」（P20）や「拡大パンジー」（P46）では、それぞれマゼンタ（赤と青の混色）と黄です。

図8

最適化型フレーザー・ウィルコックス錯視のタイプIのうち、暗から明のグラデーションの方向に動いて見える錯視。左の円盤は反時計回りに、右の円盤は時計回りに回転して見える。

図9

最適化型フレーザー・ウィルコックス錯視のタイプIのうち、明から暗のグラデーションの方向に動いて見える錯視。左の円盤は反時計回りに、右の円盤は時計回りに回転して見える。

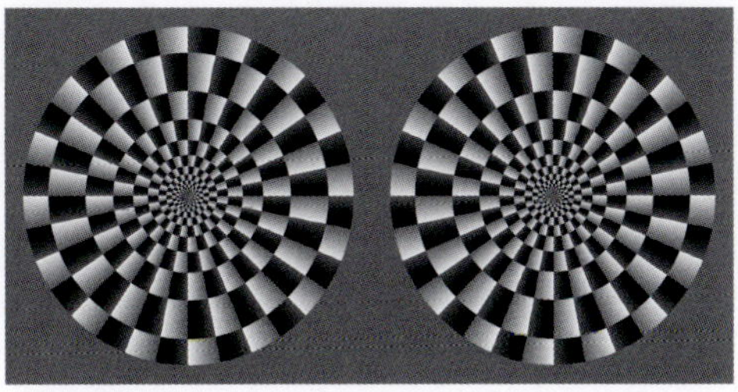

**図10　最適化型
フレーザー・ウィルコックス錯視のタイプI**

左の円盤は反時計回りに、右の円盤は時計回りに回転して見える。

図11「蛇の回転・グラデーション」

最適化型フレーザー・ウィルコックス錯視のタイプIで作成された作品。各円盤は、時計回りあるいは反時計回りに回転して見える。

最適化型フレーザー・ウィルコックス錯視タイプⅡa

タイプⅡは、明るさの異なる3つの領域を並べると起こる錯視です。濃い灰色と薄い灰色があって、間に黒い線を入れると、黒い線から濃い灰色の方向に動いて見えます（図12）。一方、それらの間に入れる線が白い線の場合は、白い線から薄い灰色の方向に動いて見えます（図13）。これら2つの錯視を合わせて（図14）、タイプⅡaと称します。

このタイプを用いた作品としては、「不可能図形的蛇の回転」（P17）や「コメの波 赤紫」（P22）があります。デザインが単純で、錯視量も多いので、作品数が多いです。色の効果もタイプⅠと同様で、暗→明の錯視には赤と青が、明→暗の錯視には黄と緑が促進的に働くようです。

最適化型フレーザー・ウィルコックス錯視タイプⅡb

一方、黒と白があって、間に灰色の線が入る場合、灰色が濃い灰色の場合には黒から濃い灰色の線の方向に動いて見え、灰色が薄い灰色の場合には白から薄い灰色の線の方向に動いて見えます。これらをタイプⅡb（図15）と称します。錯視量は比較的少ないので、作品数も少ないです。本書には、作品「珠」（P28）のみが掲載されています。

図12
最適化型フレーザー・ウィルコックス錯視のタイプⅡaのうち、黒い線から濃い灰色（ここでは青）の方向に動いて見える錯視。左上と右下のリングは反時計回りに、右上と左下のリングは時計回りに回転して見える。

図13
最適化型フレーザー・ウィルコックス錯視のタイプⅡaのうち、白い線から薄い灰色（ここでは黄）の方向に動いて見える錯視。左上と右下のリングは反時計回りに、右上と左下のリングは時計回りに回転して見える。

図14
最適化型フレーザー・ウィルコックス錯視のタイプⅡa。左上と右下のリングは反時計回りに、右上と左下のリングは時計回りに回転して見える。

図15
最適化型フレーザー・ウィルコックス錯視のタイプⅡb。左上と右下のリングは反時計回りに、右上と左下のリングは時計回りに回転して見える。

最適化型フレーザー・ウィルコックス錯視タイプⅢ

タイプⅢは、明るさの異なる2つの領域を並べると起こる錯視です。黒と濃い灰色が接していて、外側がそれらよりも明るければ、黒から濃い灰色の方向に動いて見えます(図16)。一方、白と薄い灰色が接していて、外側がそれらよりも暗ければ、白から薄い灰色の方向に動いて見えます(図17)。これら2種類の錯視を合わせて(図18)、タイプⅢと称します。このタイプを用いた作品としては、「牢獄崩壊」(P30)や「動く蛇」(P31)があります。色の効果もタイプⅠやⅡと同様で、暗→明の錯視には赤と青が、明→暗の錯視には黄と緑が促進的に働きます。

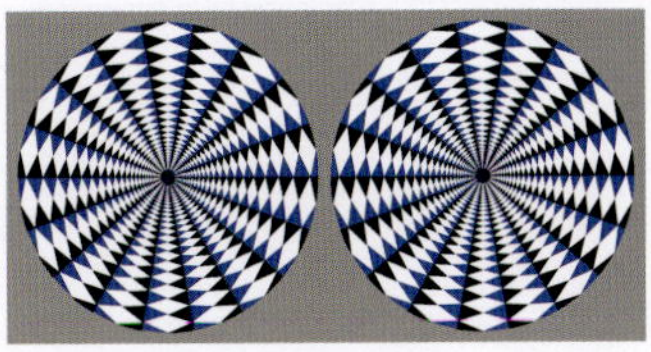

図16

最適化型フレーザー・ウィルコックス錯視のタイプⅢのうち、黒から濃い灰色(ここでは青)の方向に動いて見える錯視。左の円盤は反時計回りに、右の円盤は時計回りに回転して見える。

図17

最適化型フレーザー・ウィルコックス錯視のタイプⅢのうち、白から薄い灰色(ここでは黄)の方向に動いて見える錯視。左の円盤は反時計回りに、右の円盤は時計回りに回転して見える。

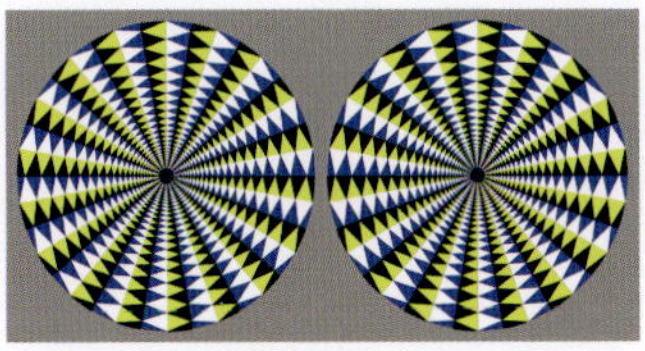

図18 最適化型フレーザー・ウィルコックス錯視のタイプⅢ

左の円盤は反時計回りに、右の円盤は時計回りに回転して見える。

[COLUMN] 錯視が見えない人もいる!?

いかにもこの錯視群の性質がわかっているかのように書きましたが、実はまだわからないことがたくさんあります。しかも、これらの知見の多くは学術論文としてはまだ発表されておらず、学会発表や著書やホームページで情報発信が行われているだけなので、私の分類法が正しいことが科学的に認められたわけではありません。

また、「蛇の回転」はタイプⅡaとタイプⅡbの合成であると今のところ考えていますが、本当にそれでいいのか、また図4はどのタイプに入れるべきなのか(タイプⅡであるともタイプⅢであるとも言えますし、画像をぼかせばタイプⅠにもなります)など、私の書いたストーリーそのものにも不安定要因があります。

個人差についての懸念もあり最適化型フレーザー・ウィルコックス錯視が見えないという人もいます。私の調査データでは、20人に1人(5%)程度の人が、この錯視が見えません。

錯視も心理現象の一つであり、心理現象に個人差は付きものですから、やむをえないのです。いずれにしても、現象は一目瞭然なのに、わからないことが多いのが錯視なのです。

四色錯視

宝の山に目がくらむ

きらびやかな図が波打って見えます。この作品では、波打って見える錯視を２種類使っています。

一つは、最適化型フレーザー・ウィルコックス錯視のタイプⅠで、何もしなくても動いて見える錯視です。もう一つは、Ｙ接合部の錯視で、網膜像（目に映った像）が上下あるいは左右に動いた時に、波打って見えます。ですので「どうしてもこの作品が波打って見えない」という人は、図を上下左右に動かしてみると、その効果がわかることがあります。

TRICK POINT

◉ 星の配置がポイント

白黒の星が、ゆがんで並んでいるように見えるが、実は一直線上に並んでいる。Ｙ接合部の錯視は、動きだけでなく、形の上でも波打っているように見える。

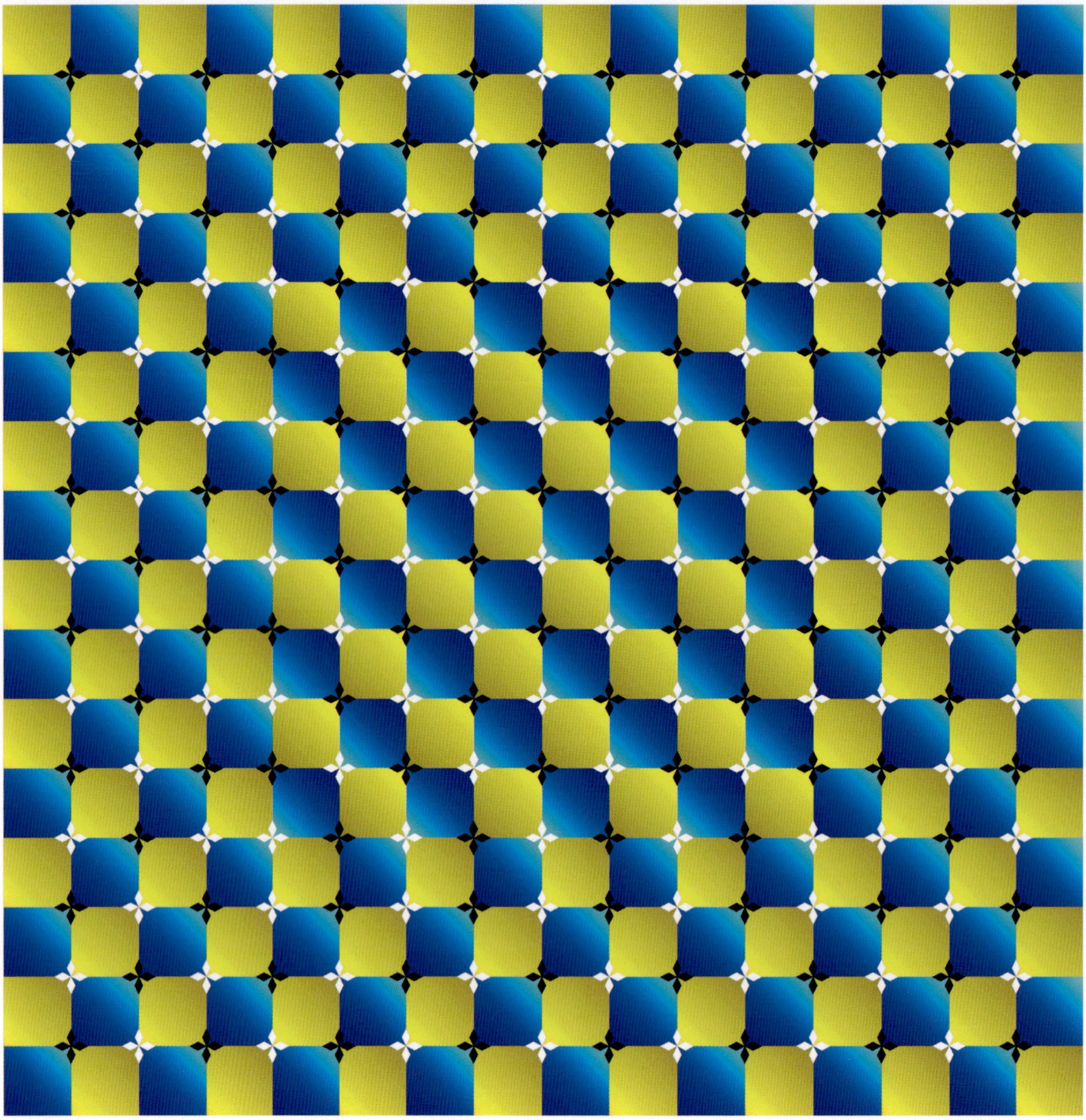

四色錯視

宝石の詰め合わせ

内側の正方形部分が動いて見えます。この本を上下に動かしますと左右に動いて見え、左右に動かしますと上下に動いて見えます。重要なのは、青と黄の正方形の隅に置かれている三菱ならぬ「四菱」が黒であるか白であるかです。なお、青と黄のグラデーションは、何もしなくても動いて見える錯視を引き起こす目的で描かれています。

TRICK POINT

◉ 四菱が錯視効果を生み出す

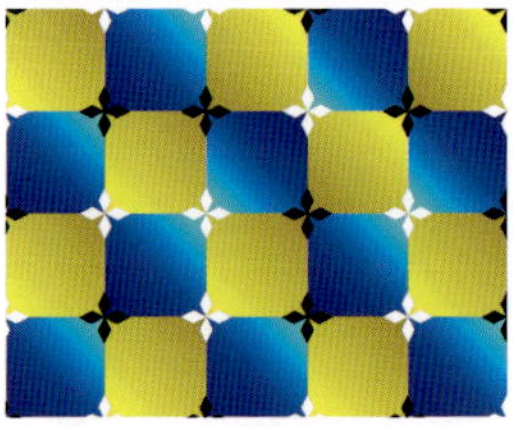

「四菱」の錯視は、濃い灰色と薄い灰色の市松模様の正方形の隅に、白と黒のドット・十字・星などを置くことで得られる静止画が動いて見える錯視兼傾き錯視の一種。

四色錯視

黄金の波

図が波打って見えます。波打ちは、動きの次元と形の次元の両方で観察できます。この作品の基本錯視は、「宝石の詰め合わせ」(P42) と同じで、「四菱」の錯視です。ところが、どうして波打って見えるかを手短に述べようとすると大変で、白と黒の四菱を図のように斜めに並べていくとできあがる、という絵画的技法の話がここでは精一杯です。

TRICK POINT

◉ 白黒四菱を斜めに配置する

白と黒の四菱を斜めに並べると波打って見える。なお、黄色のグラデーションは、中心ドリフト錯視を引き起こすために描画したが、波の錯視にはあまり貢献していない。

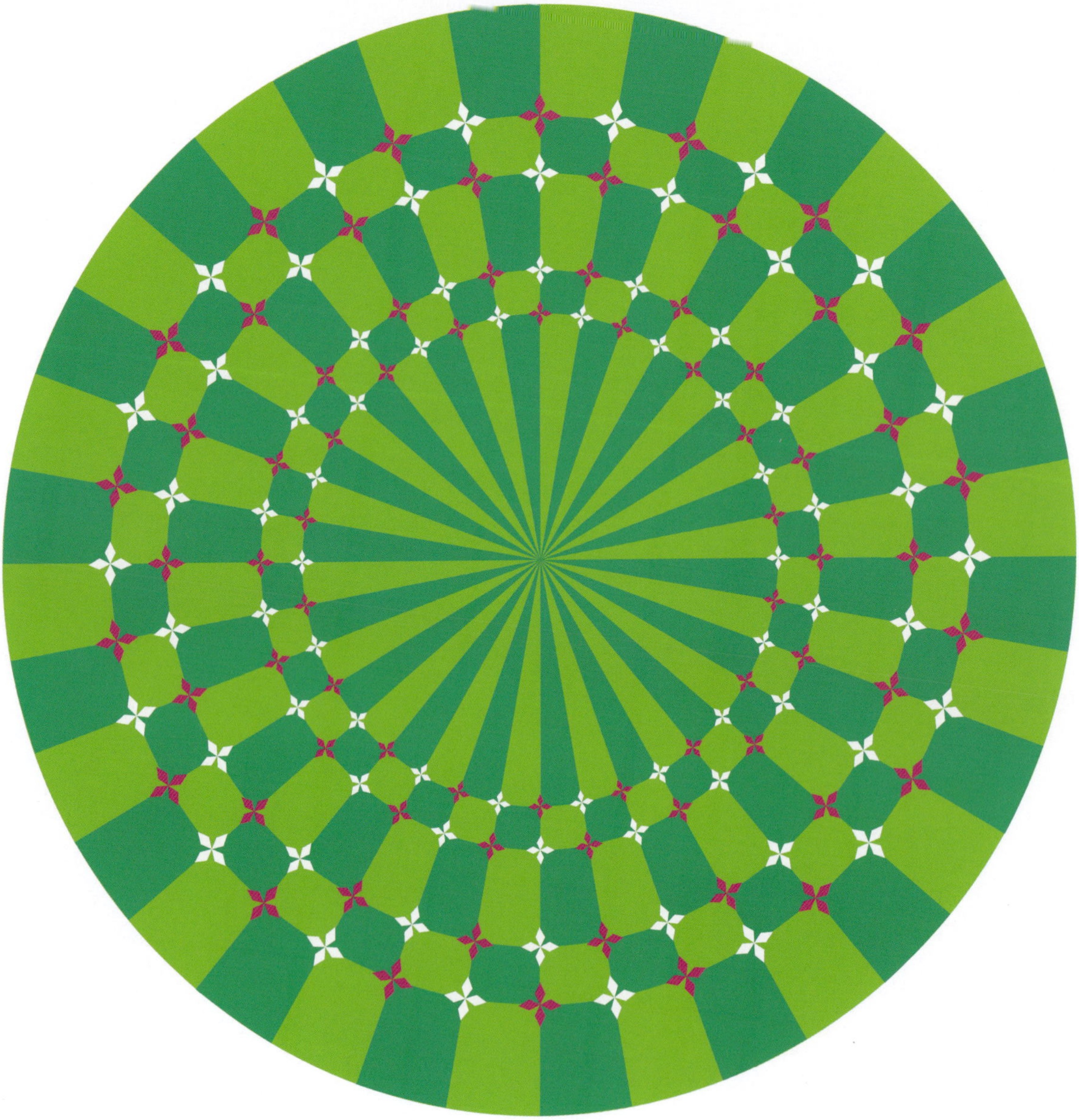

四色錯視

サクラソウの回転

図の中心を見ながら、目を近づけたり遠ざけたりすると（図を動かしてもよい）、リングが内と外で反対方向に回転して見えます。図に目を近づけると、目に映った像としては、すべての四菱部分は拡大方向に動いて見えることになります。「四菱」の錯視は、像が動いた方向と垂直の方向に動いて見える錯視なので、リングの回転として見える仕掛けとなっています。

TRICK POINT

● ルーミング法で見てみよう

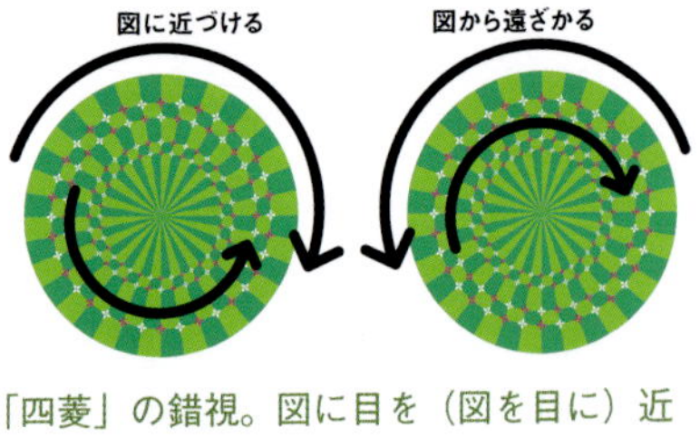

「四菱」の錯視。図に目を（図を目に）近づけたり遠ざけたりすることで静止画が回転するように見せる技法をルーミング法といい、伊のバインジョ・ピンナが開発した。

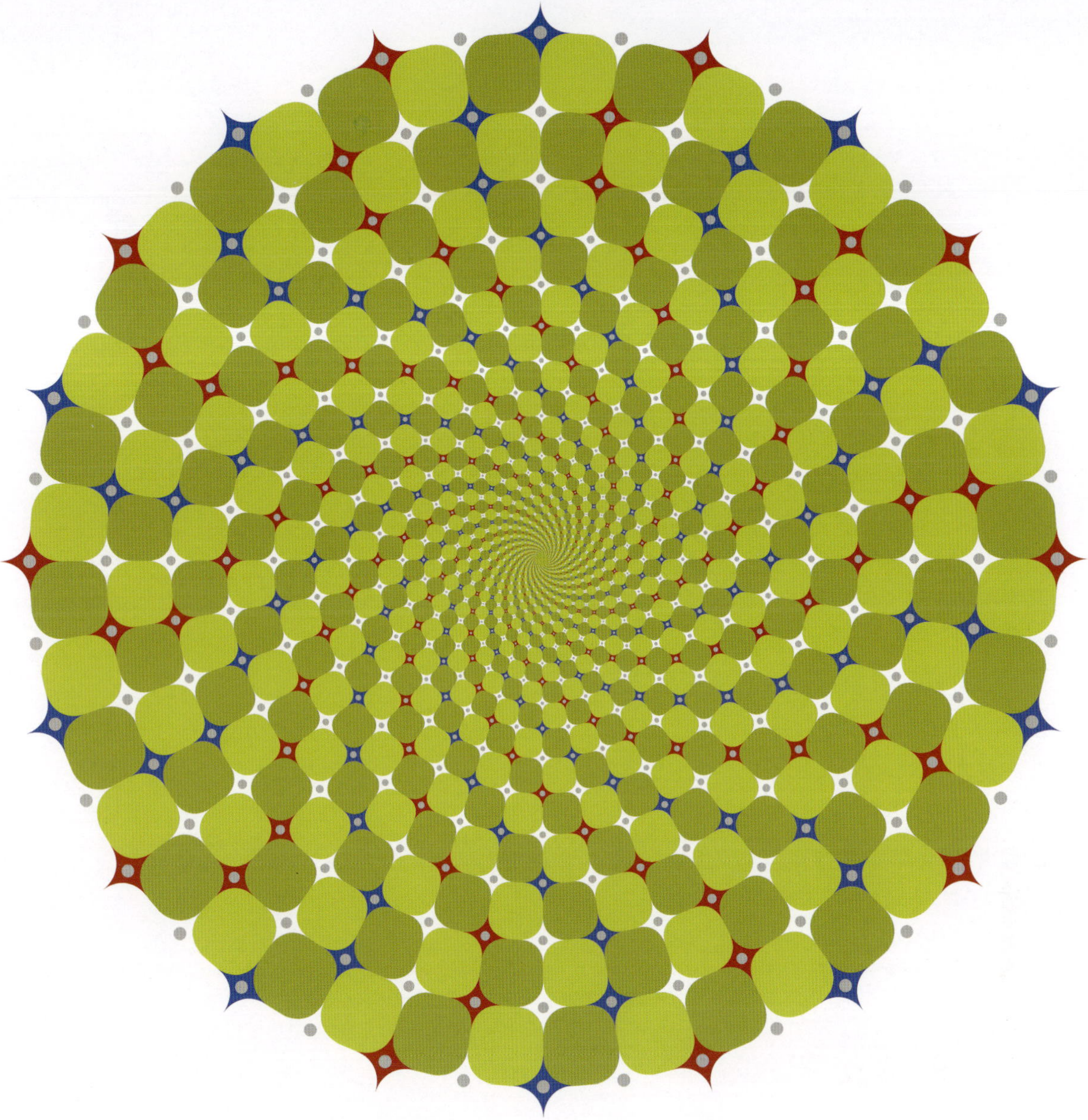

四色錯視

神経回路の渦巻き

内側では同心円が右に回転して中心に向かう渦巻きに見えます。

一方、気づきにくいですが、中心を見ながら図に目を（図を目に）近づけると、内側は時計回りに回転して見えます。逆に、遠ざかるときは反時計回りです。これも「四菱」の錯視と同じ系統の錯視ですが、私は「Y接合部の錯視」と呼んでいます。

TRICK POINT

● 渦を巻いていない渦巻き

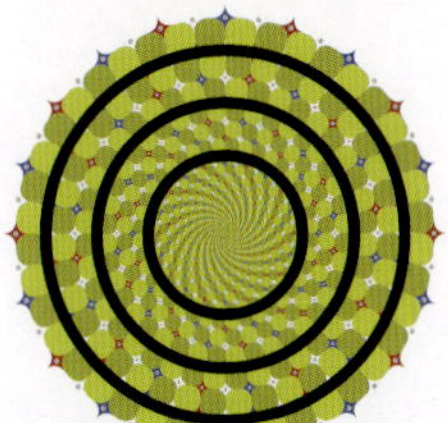

星形が時計回りに回転して中心に向かう渦巻きに見える。しかし、実際には星型はすべて同心円状に配置されている。

拡大パンジー

それぞれの花が拡大して見えます。最適化型フレーザー・ウィルコックス錯視のタイプⅠを使った作品。視線を動かさないでいると、花の拡大が止まります。最適化型フレーザー・ウィルコックス錯視には眼球運動が必要（Murakami et al., 2006）というのが、私達の研究グループのモデルです。いろいろな方向の微小眼球運動によって得られた運動信号を脳が統合することでこの錯視が起こるというもので、目を止めると錯視も止まるという事実とは親和性が高く、話が合っています。

TRICK POINT

◉ グラデーションで拡大させる

黒→マゼンタ（明るい赤紫）のグラデーションの方向と、明るい黄→暗い黄のグラデーションの方向に動いて見える。それらの方向が花の拡大方向に一致していることで、花が拡大して見える。

文献：Murakami, I., Kitaoka, A. and Ashida, H. (2006) A positive correlation between fixation instability and the strength of illusory motion in a static display. Vision Research, 46, 2421-2431.

拡大・縮小
錯視

不死鳥

最適化型フレーザー・ウィルコックス錯視のタイプⅠをデザイン化したものです。動きの方向を放射方向に配列すれば、拡大錯視のできあがりです。縮小錯視というものも作れるのですが、相対的に錯視量が少ないので、拡大・縮小錯視をデザインしようとすると、私は拡大錯視のデザインの方をつい多く作ってしまいます。

TRICK POINT

◉ どこまでも拡大していく

眺めているだけで、4つの各図がそれぞれ拡大して見える。動きの方向を放射方向に配列している。

拡大・縮小
錯視

金の拡散

図が拡大して見えるとともに、放射状方向にガクガクして見えます。図が拡大して見える錯視は、最適化型フレーザー・ウィルコックス錯視のタイプⅠの明→暗のサブタイプの応用です。ガクガクして見える錯視は、「音波」(P106) に使われている錯視と同じで、論文未発表の新しい錯視です。黄色から黒へのグラデーションで金色を表現しています。

TRICK POINT

◉ U字型錯視パーツ

本作品はとりわけアート的な印象があるが、U字型のパターンはガクガク錯視のためにあり、黄から黒へのグラデーションは拡大錯視と金色を表現するためにある。

[解説]
EXPLANATION
02

なぜ動いているように見えるのか？

回転、拡大・縮小、並進、波打ちして見えるしくみ

回る！ 揺れる！ 拡大する！ さまざまな効果がある錯視

「蛇の回転」(P10) などの作品では、何もしなくても円盤が回転して見えます。一方、「不死鳥」(P48) では何もしなくても図が拡大して見えます。そうかと思えば、「牢獄崩壊」(P30) では図の一部が平行移動（並進）するように見えますし、「コメの波 赤紫」(P22) は図が波打って見えます。

これらの作品はまるで違う錯視のように見えますが、基本となる錯視はどれも最適化型フレーザー・ウィルコックス錯視なので、同じ錯視です。正確には、「蛇の回転」と「コメの波 赤紫」はタイプⅡ、「不死鳥」はタイプⅠ、「牢獄崩壊」はタイプⅢを応用したものですから若干異なりますが、何もしなくても動いて見える錯視という点では同じです。

図1「秋の沼」

図を上下に動かすと、内側が左右に動いて見える。左右に動かすと上下に動いて見える。

図2「秋の沼の波」

図が波打って見える。何もしなくても波打って見えることもあるが、それは不随意の眼球運動によるものである。図を上下あるいは左右に動かすとどのように動いて見えているかが確認できる。めがねをかけている人は、めがねを上下させるだけでも、同様のことが観察できる。

運動方向を変えることで完成品ができあがっていく

静止画が動いて見える錯視には、「何もしなくても動いて見える錯視」以外に、「何かをすると動いて見える錯視」というものがあります。その代表例がＹ接合部の錯視です。Ｙ接合部とは明るさの異なる３つの領域がＹ字状に接している部分のことです。「秋の沼」シリーズを例にとってみると、「秋の沼」（図1）は並進の錯視デザインですが、「秋の沼の波」（図２）は波打って見える錯視です。「秋の沼に棲むカニ」（図３）は回転錯視と拡大・縮小錯視の両方を備えた錯視デザインです。

つまり、回転錯視、拡大・縮小錯視、並進錯視、波の錯視はそれぞれ固有の錯視というわけではなく、より基本的な錯視から構成された高次の錯視あるいは二次的な錯視なのです。回転錯視を作るには、基本となる錯視の運動方向を回転方向になるように並べればよく、拡大・縮小なら放射状方向、並進運動なら一定の方向です。波の錯視だけは説明が長くなりますので省略しますが、回転錯視、拡大・縮小錯視、並進錯視および波の錯視を作るということは、基本的錯視という部品から完成品を作るようなものです。

図３「秋の沼に棲むカニ」

中心を見つめながら、図に目を近づけたり遠ざけたりすると（図を目に近づけたり遠ざけたりしても同じ）、埋め込まれたリングが回転して見える。また、中心を見つめながら、図を回転させると、その方向に応じて、リングが拡大あるいは縮小して見える。

動いて見える錯視

踊るハート達

図を動かすと、動かした方向にハートが動いて見えます。図を回転させればハートは回転方向に、図を目に近づけたり遠ざけたりすれば、ハートは奥行き方向に動いて見えます。この錯視は、ハートの知覚の時間遅れが原因です。ハートは背景の青と接していますが、輝度（物理的明るさ）のコントラストは周囲のコントラスト（白と青）に比べれば低く、コントラストが低いところ（および暗い部分）は脳内処理時間が相対的に長くかかることで起こる現象です。

TRICK POINT

◉ コントラストの違い

図を動かした方向にハートが動いて見える錯視。ハートの赤と背景の青の明るさの差と、ランダムドットの白と青の明るさの差の間に落差があることが原因。これによってハートの知覚の時間遅れが生じることで起こる錯視。

［解説］
EXPLANATION
03

なぜハートが踊るのか？

「踊るハート達」のしくみ

コントラストの違いによって脳内処理速度にずれが生じる

作品「踊るハート達」(P52) は、図を動かした方向にハートが動いて見える錯視です。錯視はそのメカニズムが未解明なものの方が多いのですが、この錯視のメカニズムはほぼ解明されています。

ものを見るというのは脳の働きですから、目で捉えた刺激が見えるようになるには時間がかかります。我々が明らかにしたところでは、輝度《きど》(物理的な明るさ)のコントラスト(接する2つの領域の明るさの差) が高いところでは脳内処理速度が速く、輝度のコントラストが低いところでは相対的に脳内処理速度が遅いので、この錯視が起こります (Kitaoka and Ashida, 2006)。

赤いハートは背景の青に対して、色のコントラストは高いですが、輝度のコントラストが低く、まわりのランダムドットは白と青の組み合わせなので、輝度のコントラストが高いわけですから、図を動かすと、ハートが周囲に対して遅れてついてくるように見えます。

一方、暗い刺激は明るい刺激よりも遅れて見えるという現象は、以前から知られていました。「踊るハート達」には、その性質も含まれています。しかし、明るい刺激でも、コントラストが低ければ遅れて見えます(図1)。

ところで、「踊るハート達」(Fluttering hearts)というタイトルは、「踊るハート」(fluttering heart) という古くから知られている錯視名が元になっています。「踊るハート」の方は、青背景上の赤いハートは動いて見えるという現象です(図2)。両者の印象は似ていますから、メカニズムに共通したものがある可能性はありますが、「踊るハート」は色彩特有の錯視とされています。一方、「踊るハート達」においては、図3を見るとわかるように色は必須ではありません。

文献
Kitaoka, A. and Ashida, H. (2007) A variant of the anomalous motion illusion based upon contrast and visual latency. Perception, 36, 1019-1035.

図1

背景が明るい場合も、コントラストが低いハートが動いて見える。しかし、背景の暗い「踊るハート達」よりは時間の遅れが少ないため、錯視としては弱い。

図2「踊るハート」

やや暗いところで、矢印のあたりを見ながら図を動かすと、ハートが動いて見える。

図3

無彩色の図でも、「踊るハート達」錯視は起こる。

「踊るハート達」

図を動かした方向にハートが動いて見える。

Chapter2
形の錯視

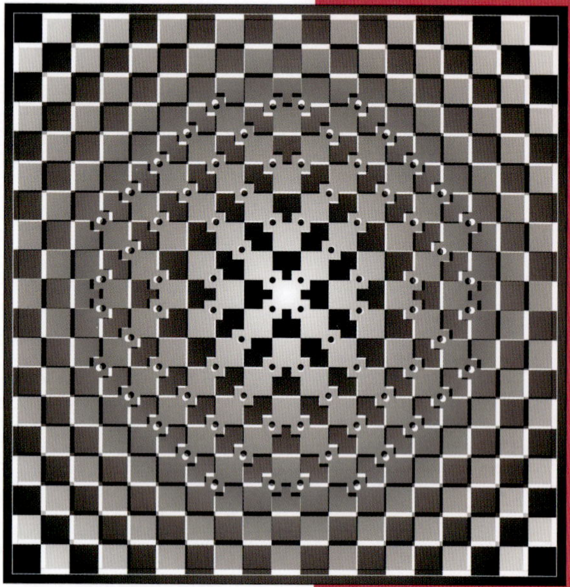

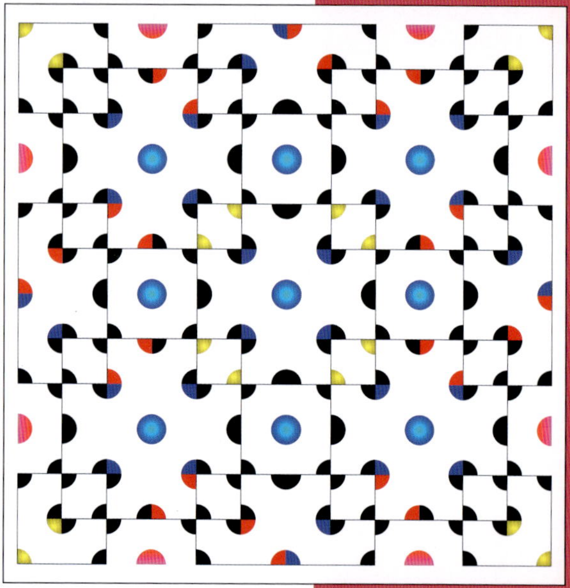

線が傾く、大きさが変わる
形の錯視は"錯視の元祖"!?

150年余の錯視研究の歴史の中では、「錯視といえば幾何学的錯視」のことだったのですが、最近では風向きが変わってしまいました。これは、静止画が動いて見える錯視に注目が集まったことに一因があります。一方で「幾何学的錯視」という難しい名前を替えるチャンスだともいえます。幾何学的錯視という言葉は、一般の人には何しろわかりにくいので。

現在では、心理学でも神経生理学でも、視覚の基本的属性は、形、色、明るさ、運動などの諸次元に分けられると考えられています。錯視も、色の錯視、明るさの錯視、動きの錯視などと表現するので、幾何学的錯視は形の錯視と言いかえるとすっきりします。この形の錯視には、「大きさの錯視」「傾きの錯視」「位置の錯視」があり、基本図形を含めて多くの作品があります。

Chapter2

傾き錯視

カメの回転

カメの塊が回転して見えます。回転方向は、垂直・水平から傾いた正方形状の塊の傾きを減らす方向です。この回転錯視には、最適化型フレーザー・ウィルコックス錯視のタイプⅠを使っています。

ところで、塊は交互に時計回りと反時計回りに傾いて描かれているように見えますが、実はそれも錯視です。実際には、塊の輪郭は垂直・水平になっています。この幾何学的錯視（形の錯視）は、縁飾りエッジの錯視と言います。通称「カメの錯視」です。

TRICK POINT

◉ 線分の色が回転を決める

濃い赤紫から明るい赤紫のグラデーションの方向に動いて見える錯視と、明るい黄から暗い黄のグラデーションの方向に動いて見える錯視を、設計上の回転方向に合うように塊の中に配置してある。

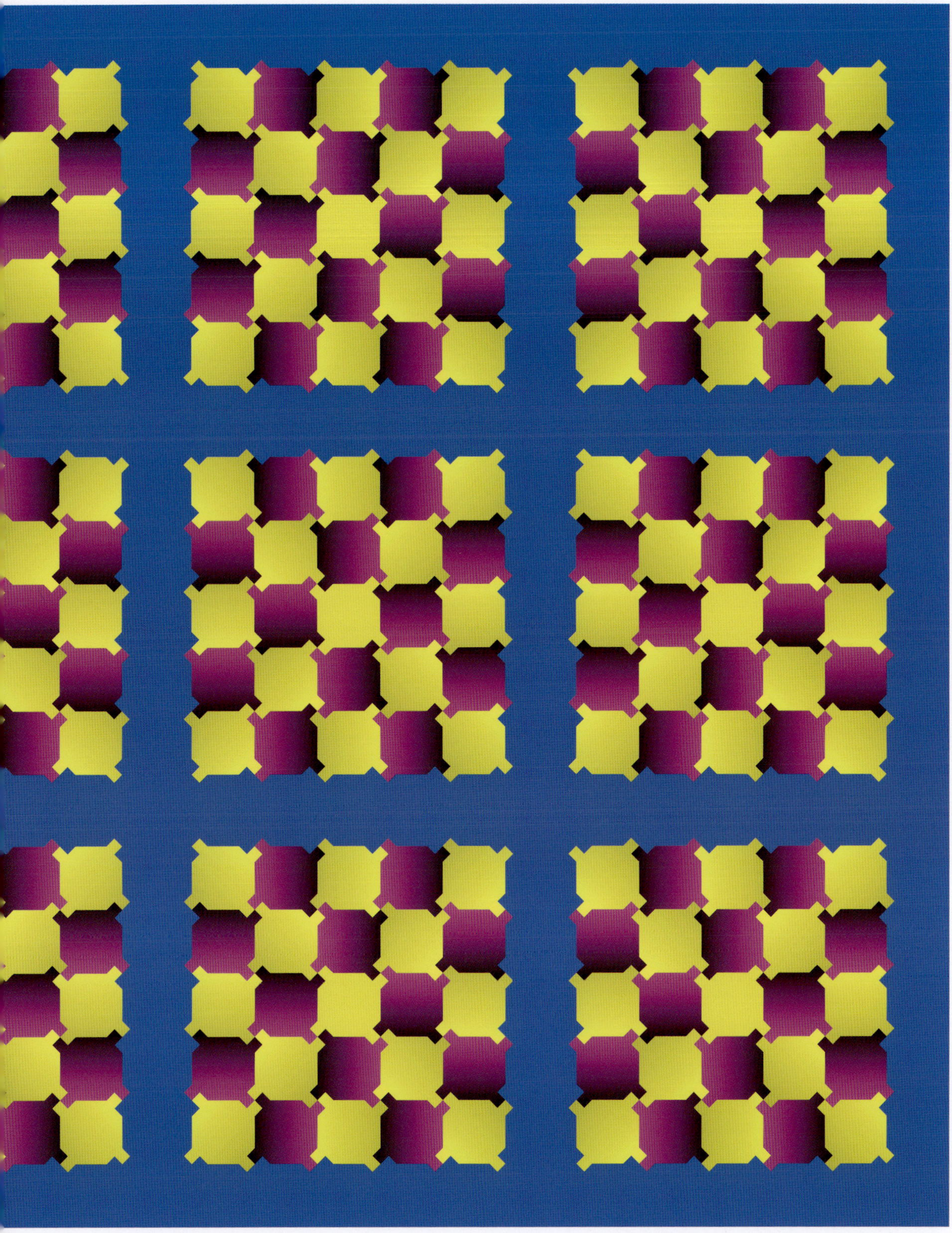

傾き錯視

紫色のカフェウォール

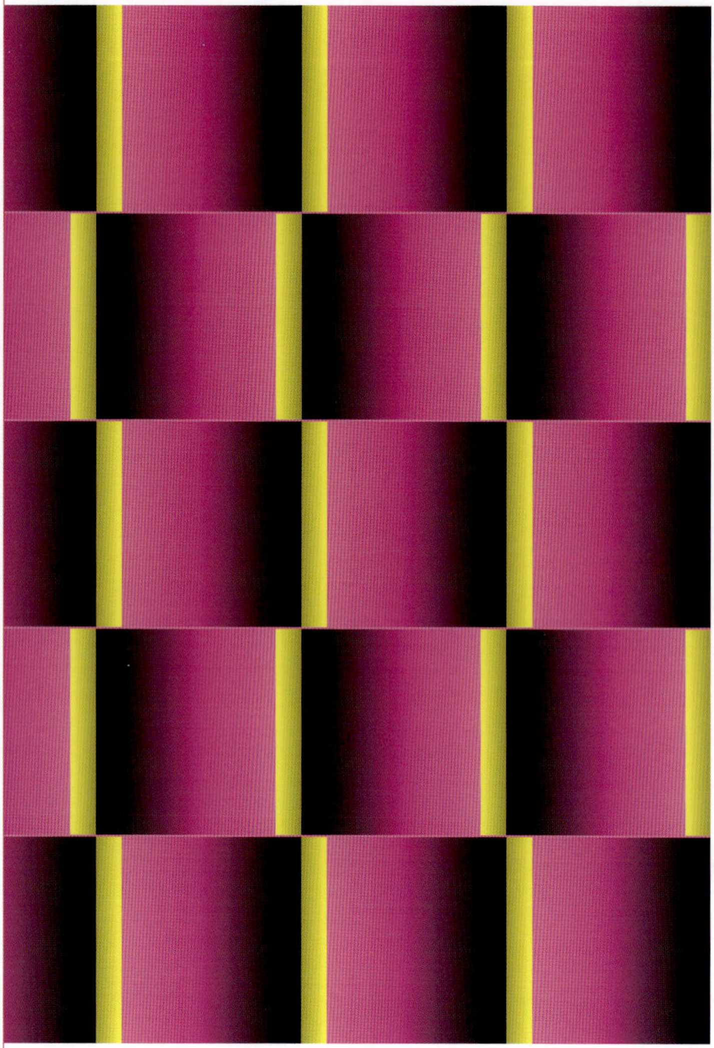

左の図では、4本の細い水平線分が上から右・左・右・左に傾いて見えます。一方、右の図では傾きが逆で、上から左・右・左・右に傾いて見えます。左図では赤紫、右図では黒と、線分の色が異なるだけです。ラヴァトリーウォール錯視（モンタルヴォ錯視）という幾何学的錯視（形の錯視）です。そのほか、両図とも、グラデーション列については、1、3、5列目は左に、2、4列目は右に動いて見えます。最適化型フレーザー・ウィルコックス錯視のタイプⅠによる作品です。

TRICK POINT

●線分の色が傾きを変える

左図

右図

線分の色が左図では赤紫、右図では黒となっていることで、傾きの向きが違うように見える。これはラヴァトリーウォール錯視によると考えられる。

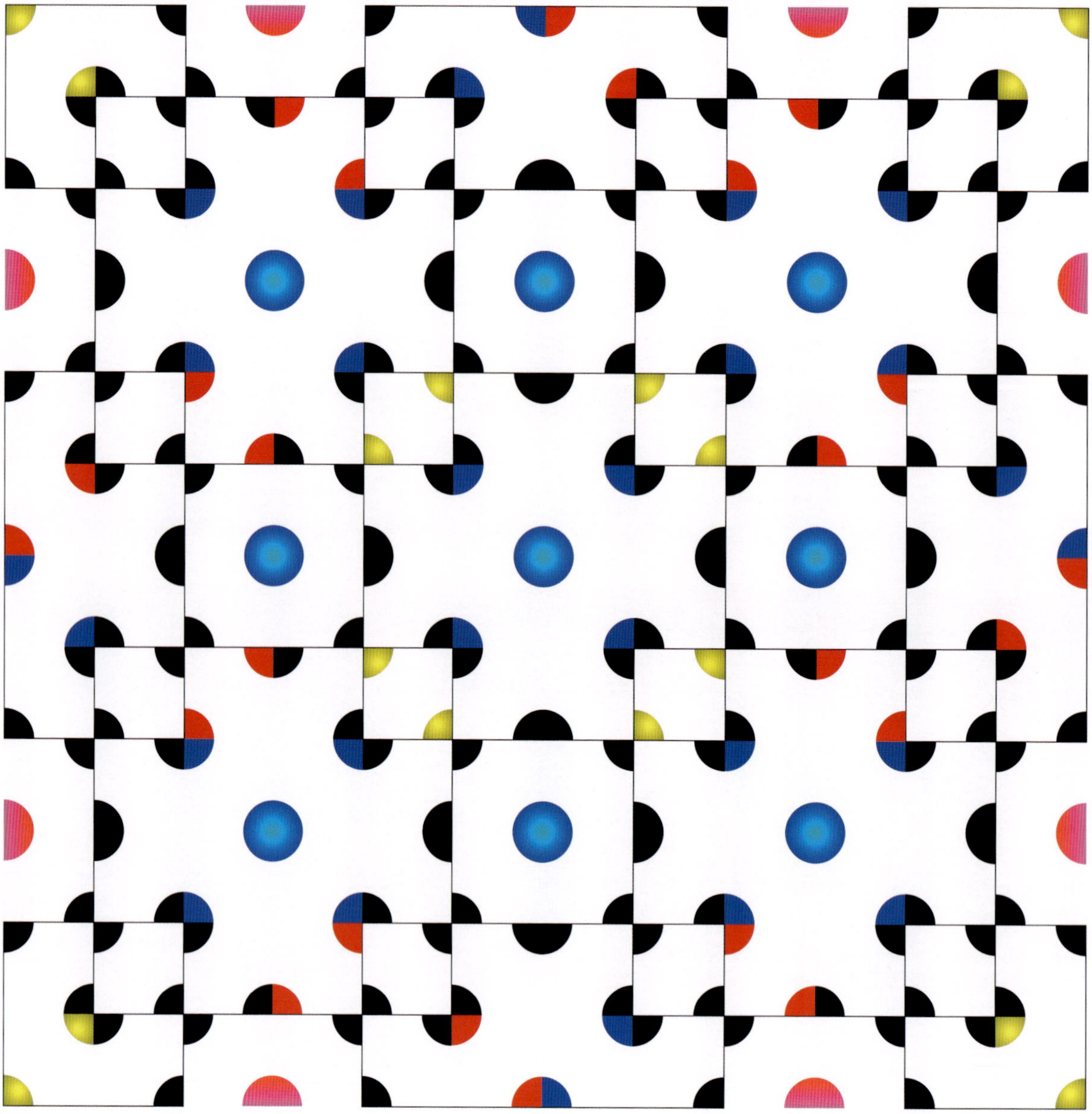

傾き錯視

サイコロジカルな図形

縦線・横線はそれぞれ垂直・水平に描かれていますが、曲がって見えます。市松模様錯視という幾何学的錯視（形の錯視）の彎曲《わんきょく》錯視です。「サイコロジカル」（psychological）とは「心理学的な」という意味で、錯視は測定器で測定できないから心理学的なものであるということと、デザインがサイコロの目のようであることを引っ掛けています。

TRICK POINT

◉ 縁と線が傾いて見える

黒く塗りつぶされた半円あるいは四分の一円の角（あるいは隅）の外側に、それらの縁の延長線上に線分を描くと、縁と線分全体が傾いて見えるという錯視である（P70の図3A）。

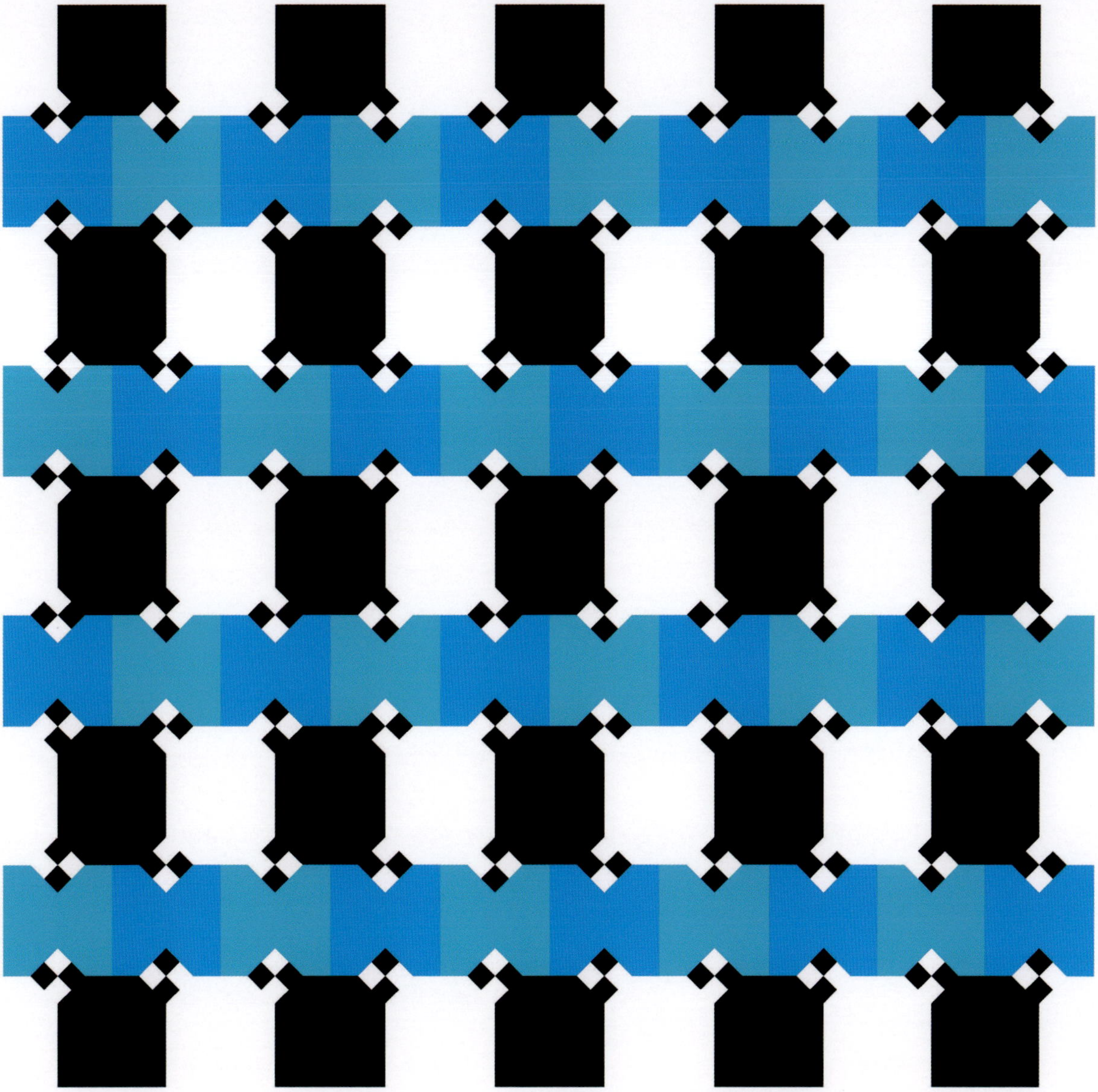

傾き錯視

水路

平行に描かれた水路が、上から左・右・左・右に傾いて見えます。縁飾りエッジの錯視という幾何学的錯視（形の錯視）によるもの。そのほか、水路中の「水」が左右に動いて見えます。これは、水路は青と水色の正方形でできていますが、その境界の輝度コントラスト（明るさの差）が白と黒の境界の輝度コントラストよりも低いことが、錯視の原因となります。

TRICK POINT

平行に描かれた水路

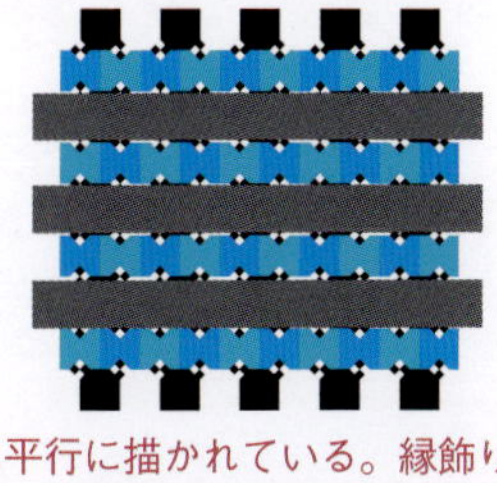

水路は平行に描かれている。縁飾りエッジの錯視は、濃い灰色と薄い灰色の市松模様の交点に、黒と白のダイヤモンド形を配置することで得られる幾何学的錯視。

［解説］
EXPLANATION
04

なぜ傾いているように見えるのか？

傾き錯視のしくみ

真っ直ぐ？ 曲がってる？ 古典的な傾き錯視

線が傾いて見える錯視の古典的代表例はツェルナー錯視で、ミュンスターベルク錯視、フレーザー錯視、カフェウォール錯視と続きます(図1)。ミュンスターベルク錯視はカフェウォール錯視よりも発見が古いのですが、現在では灰色の線が黒の場合の特別なカフェウォール錯視と考えられています。

それでは、ペア作品「紫色のカフェウォール」(P60) はカフェウォール錯視なのかといいますと、それは違います。それぞれ、ラヴァトリーウォール錯視（モンタルヴォ錯視ともいう）・白線版（傾いて見える線が白の場合）と黒線版（図 2）の変形です。

「カメの回転」(P58) と「水路」(P63) は、縁飾りエッジの錯視（図 2）を用いています。「サイコロジカルな図形」(P62) は、市松模様錯視(の最も単純な形式)(図 2)です。なお、これらの錯視の多くは、「カフェウォール錯視の絵画的原理」（図 3）で説明できます。

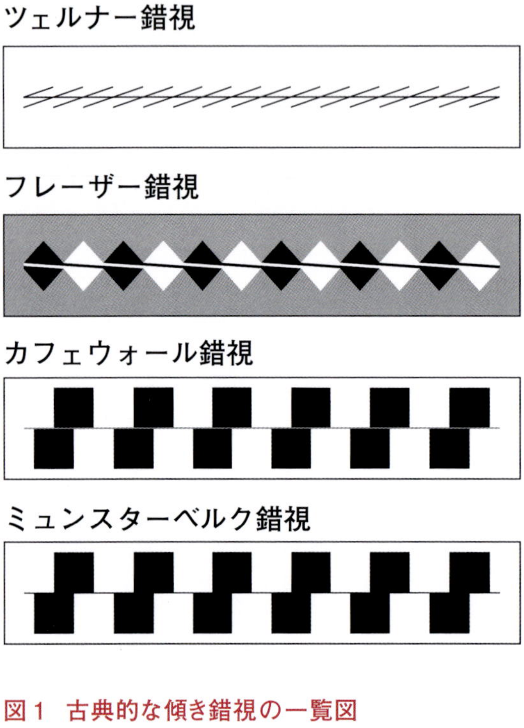

図1　古典的な傾き錯視の一覧図
それぞれの図の中央の水平線が右に傾いて見える。

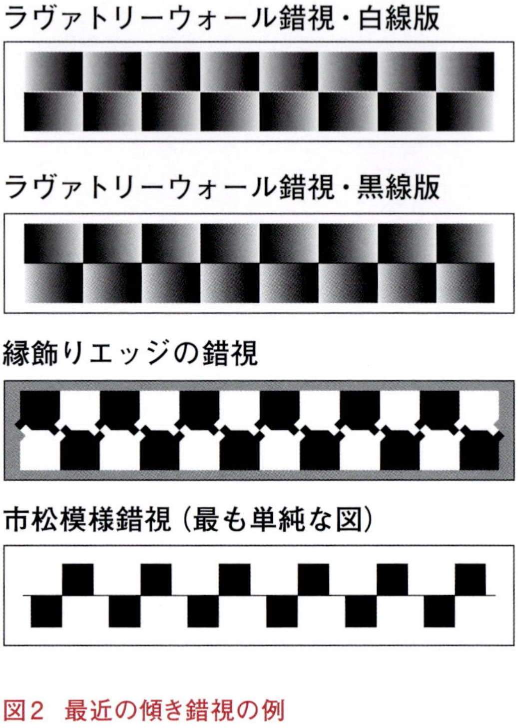

図2　最近の傾き錯視の例
それぞれの図の中央の水平線が右に傾いて見える。

部分部分の傾きが斜めに見える効果を生む

これらの傾き錯視の基本図形がなぜ傾いて見えるかということになると諸説ありますが、適切なぼかしや輪郭抽出処理などの画像処理をすることで、変換後の図の中に斜線の列が得られるから、というモデルに人気があります。

要するに、それぞれの傾き錯視の図をいじって、フレーザー錯視の図（図1）にしてしまう（目や脳がそういうことをしているかもしれない）という考え方です。フレーザー錯視は、部分部分の斜線の傾きと同じ方向に、全体の線が傾いて見える錯視です。

そうなりますと、今度は、フレーザー錯視が傾いて見える理由を説明しておく必要があります。フレーザー錯視の図では、部分部分は斜線なので、部分を処理する下位の脳領域（特定の狭い範囲しか見ない）は、全体を処理する上位の脳領域（広い範囲を取り扱う）に情報を伝えます。

部分的には同じ傾きの斜線が並んでいるという情報と、しかもそれらには切れ目がないという情報を総合的に判断して、上位の脳はこれを全体として傾いた線として誤知覚する、という考え方が有力です（図4）。これは、社員の意見をそのまま吸い上げたら、社長が判断を間違えた、といった感じのお話です。

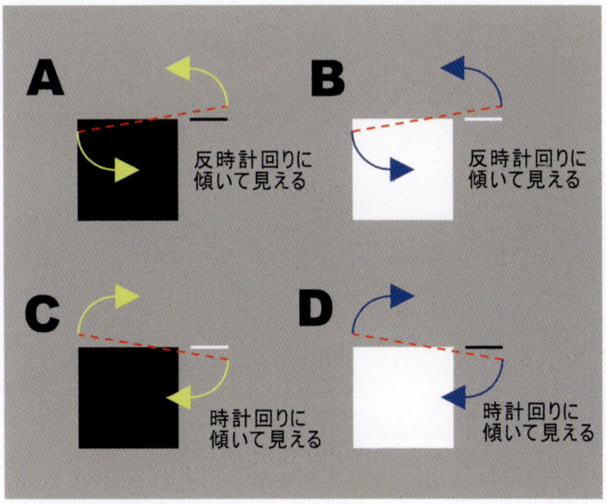

図3

カフェウォール錯視の絵画的原理（Kitaoka et al., 2004）。エッジの角のコントラスト極性（どちら側が明るいかということ）と、エッジの延長線上にある線分のコントラスト極性の組み合わせによって、見かけの傾きが決まる。

Kitaoka, A., Pinna, B., and Brelstaff, G. (2004). Contrast polarities determine the direction of Cafe Wall tilts. Perception, 33, 11-20.

図4

下位の脳領域の神経細胞は狭い範囲しか見えないので、フレーザー錯視は上位の脳がその報告を間違えて解釈したものであろうという考え方を図にしたもの。

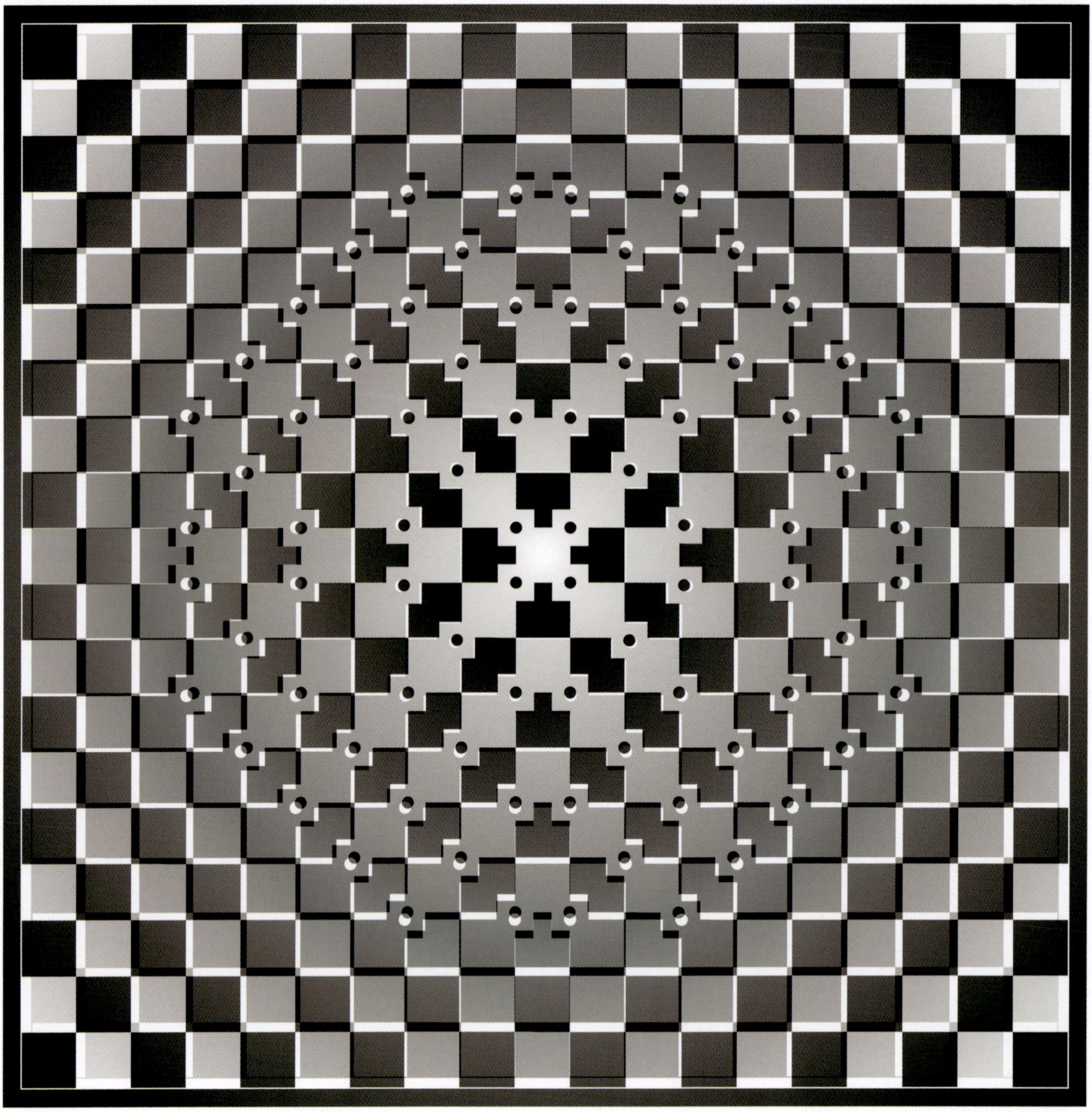

傾き錯視

打ち上げ

金属的なものが迫ってくるように見えます。この動きの錯視には、最適化型フレーザー・ウィルコックス錯視のタイプⅡaを用いて、内側は拡大、外側は縮小方向に動いて見えるように設計しているのです。形の上で盛り上がって見えるのは膨らみの錯視。ドローソフトの透明機能を使い、少しずらした膨らみの錯視の画像を２枚重ねることで作られています。

TRICK POINT

◉ 盛り上がる不思議

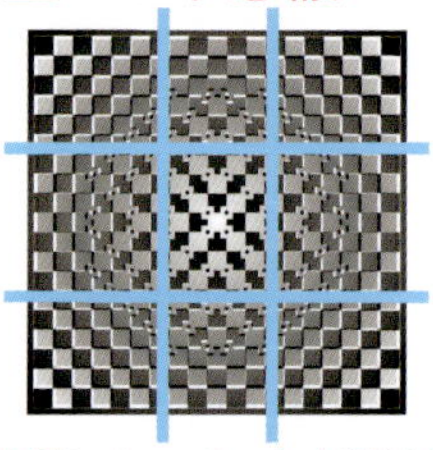

膨らみの錯視によって、中央部は外に凸に見えるが、実際は丸を除くとすべての線は垂直・水平に描かれている。詳しくはP65の解説ページにて。

傾き錯視

回転クッション

時計回りに回転して見えます。この回転して見える錯視には、最適化型フレーザー・ウィルコックス錯視のタイプⅡaを用いています。膨らんで見えるのは、市松模様錯視という幾何学的錯視（形の錯視）と、きめの勾配を用いています。「打ち上げ」（P66）と同様、ドローソフトの透明機能を使い、膨らみの錯視の画像を２枚重ねることで作られています。

TRICK POINT

◉ きめの勾配で膨らませる

きめの勾配とは、遠くのものは近くのものよりもきめが細かく見えるという遠近感の手がかりのことで、本作品ではクッションの外側部分を細く描いて実現している。

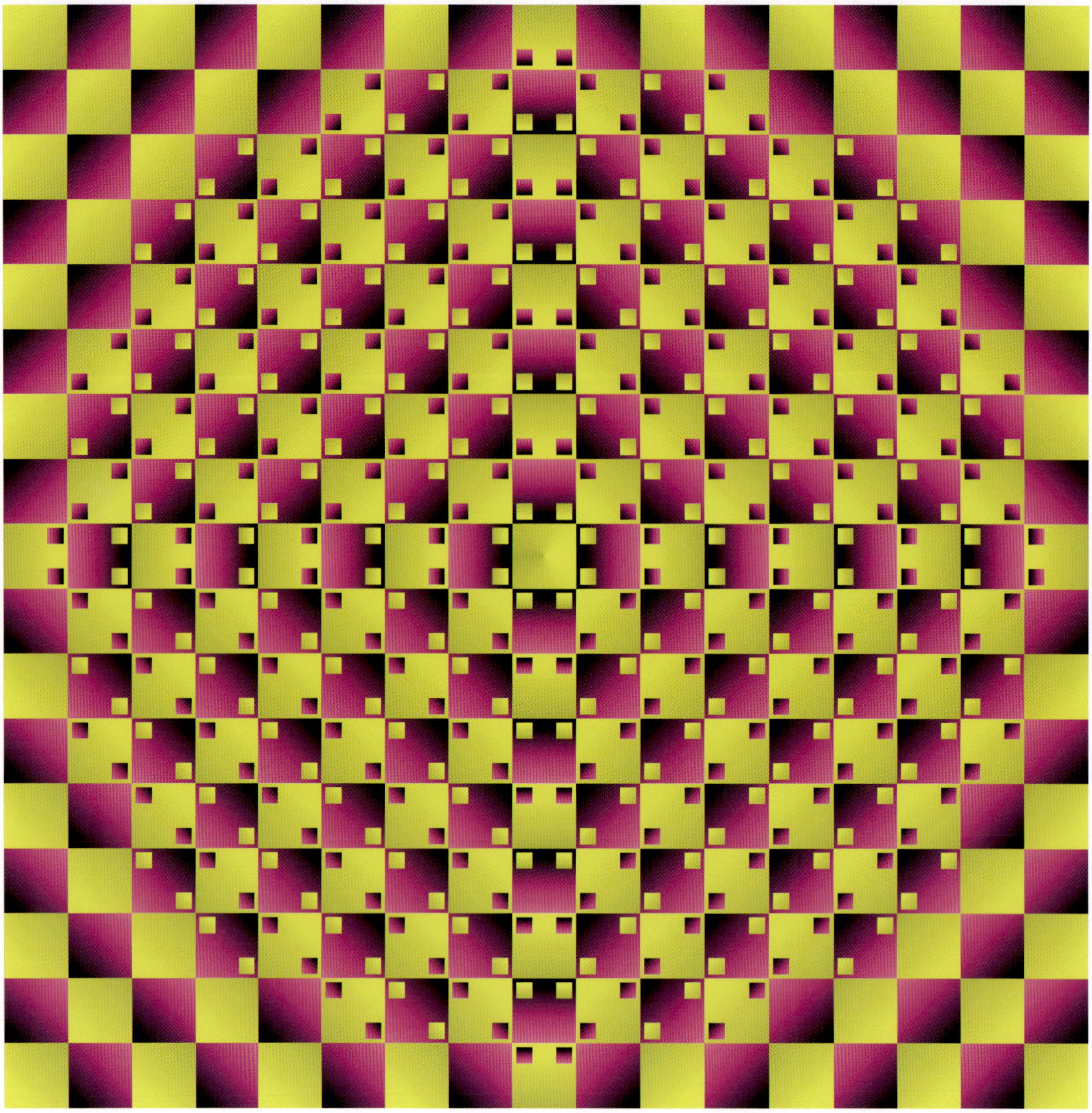

傾き錯視

アトランティス

図の中央が膨らんで見えます。この膨らんで見える錯視には、幾何学的錯視（形の錯視）と中央が拡大して動いて見える錯視が、協調して働いています。形の錯視は市松模様錯視で、図はすべて正方形からできているのですが、曲線が感じられます。中央が拡大して見える錯視は、最適化型フレーザー・ウィルコックス錯視のタイプＩを用いています。

TRICK POINT

◉ 白と黒をグラデーションに

市松模様錯視の「白」を明るい黄から暗い黄へのグラデーションに、「黒」を暗い赤紫から明るい赤紫へのグラデーションに塗り替えて、動く錯視を作り出している。

傾き錯視

関節

それぞれの枠は正方形ですが、中央が膨らんでいるように見えます。市松模様錯視からできているのですが、どのように錯視図形が埋め込まれているのでしょうか。ヒントは、黒い角（あるいは隅）の先に黒い線があると（黒い角を過少視する方向にその線が）傾いて見える、白い角（あるいは隅）の先に白い線があると傾いて見えます。見つかりましたか？

TRICK POINT

◉ 角と線の関係を考える

上の拡大図が錯視図形となっている。P70解説ページの図3のAとBが、市松模様錯視やカフェウォール錯視の絵画的基本原理となっているので参照されたい。

［解説］
EXPLANATION
05

なぜ膨らんで見えるのか？

膨らみ錯視のしくみ

平面なはずなのに立体的に見える不思議

「膨らみの錯視」というジャンルは、1998年に私が「パーセプション」という学術誌に、市松模様錯視（図1）という傾き錯視を論文発表したとき、錯視をわかりやすく示そうとして載せた図が始まりです。それは、図2のような図でした。すべて正方形でできているのに、床が盛り上がって見える図です。

私が思うには、膨らみの錯視とは、彎曲《わんきょく》錯視の進化形です。彎曲錯視というのは、直線が曲がって見える錯視のことです。彎曲錯視としては、古くから、ヘリング錯視（図3）が知られています。2本の水平線の中ほどが、それぞれ外向きに曲がって見える錯視です。そのように記述されることが多いのですが、横線が手前に膨らんで見える錯視であるともいえます。

ヘリング錯視は、ツェルナー錯視の湾曲錯視です。ツェルナー錯視とは、ある線に斜線が交差すると、その鋭角側の交差角が実際よりも大きく見えるように線が傾いて見える錯視です（図4）。

これと同じことで、図2の膨らみの錯視を構成する基本図形は、図5のような2次元的な市松模様錯視図形になります。「2次元的な」というのは、傾き錯視が縦・横両方に仕掛けてあるという意味です。これを図6のように組み合わせれば、膨らみの錯視の図形ができます。

作り方としては以上の通りですが、なぜ膨らんで見えるかというと、外向きに曲がった線は膨らみとして知覚するようにできているから、としか答えようがありません（図7）。膨らみの錯視で新しいのは、「曲がった線は錯視による」という点です。

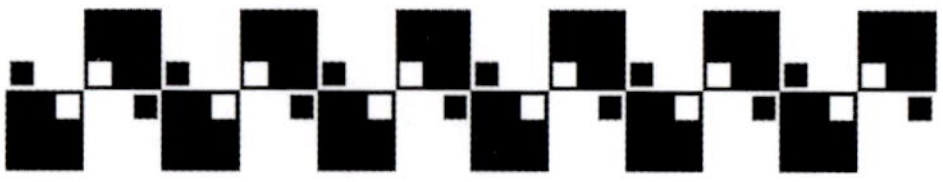

図1　市松模様錯視

上下の正方形の列の間は水平なのであるが、右上がりに見える。

図2

市松模様錯視による膨らみの錯視。すべて正方形でできているが、曲線が感じられ、図の中央が手前に盛り上がっているように見える。

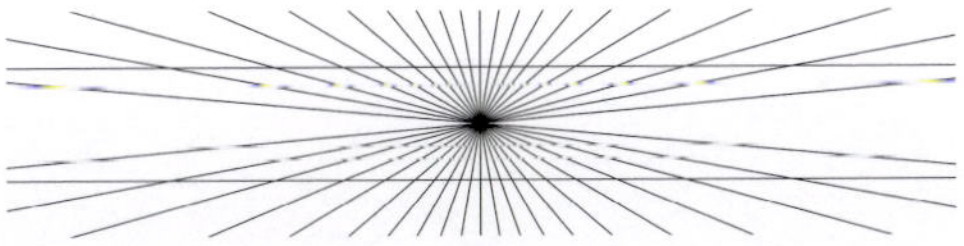

図3　ヘリング錯視

水平線が外向きに曲がって見える。

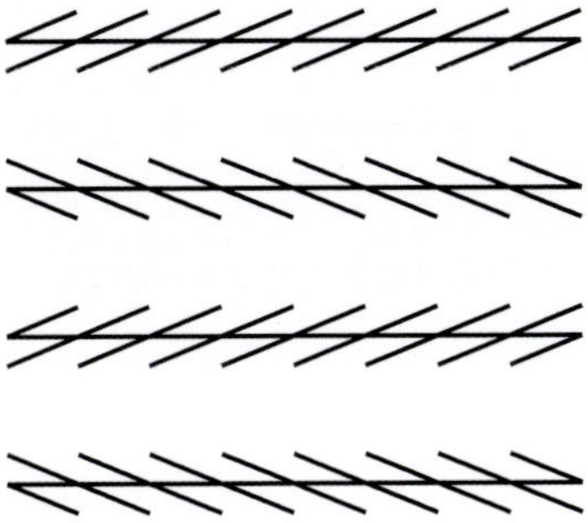

図4　ツェルナー錯視

水平な４本の平行線が、上から右・左・右・左に傾いて見える。

図5　二次元的な市松模様錯視

すべて正方形でできているが、垂直な線は右に、水平な線は左に傾いて見える。

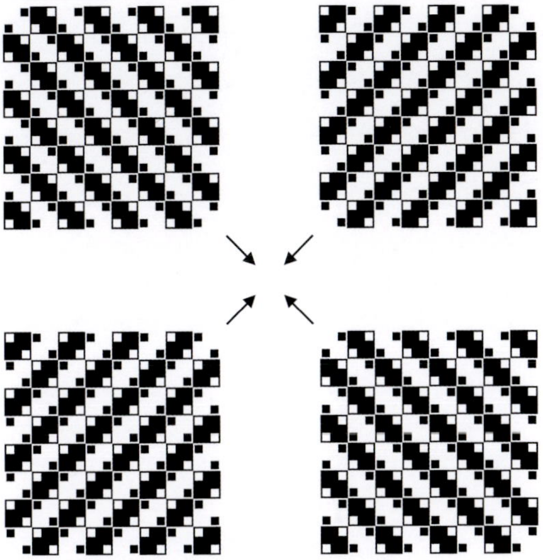

図6

二次元的な市松模様錯視から膨らみの錯視の作り方を示した図。矢印の方向に移動させて、くっつければできあがり。

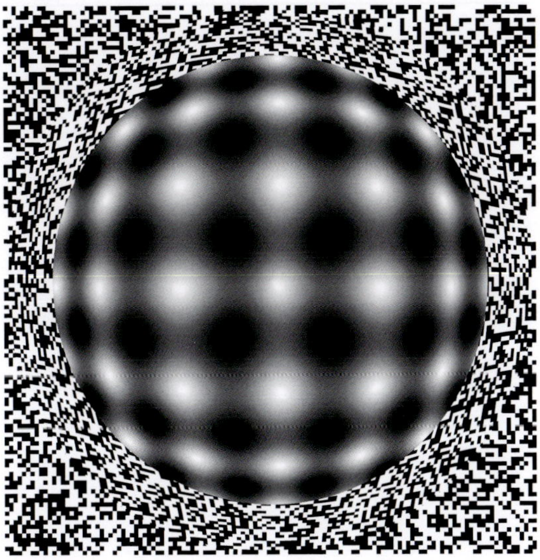

図7

実曲線による膨らみ効果の例

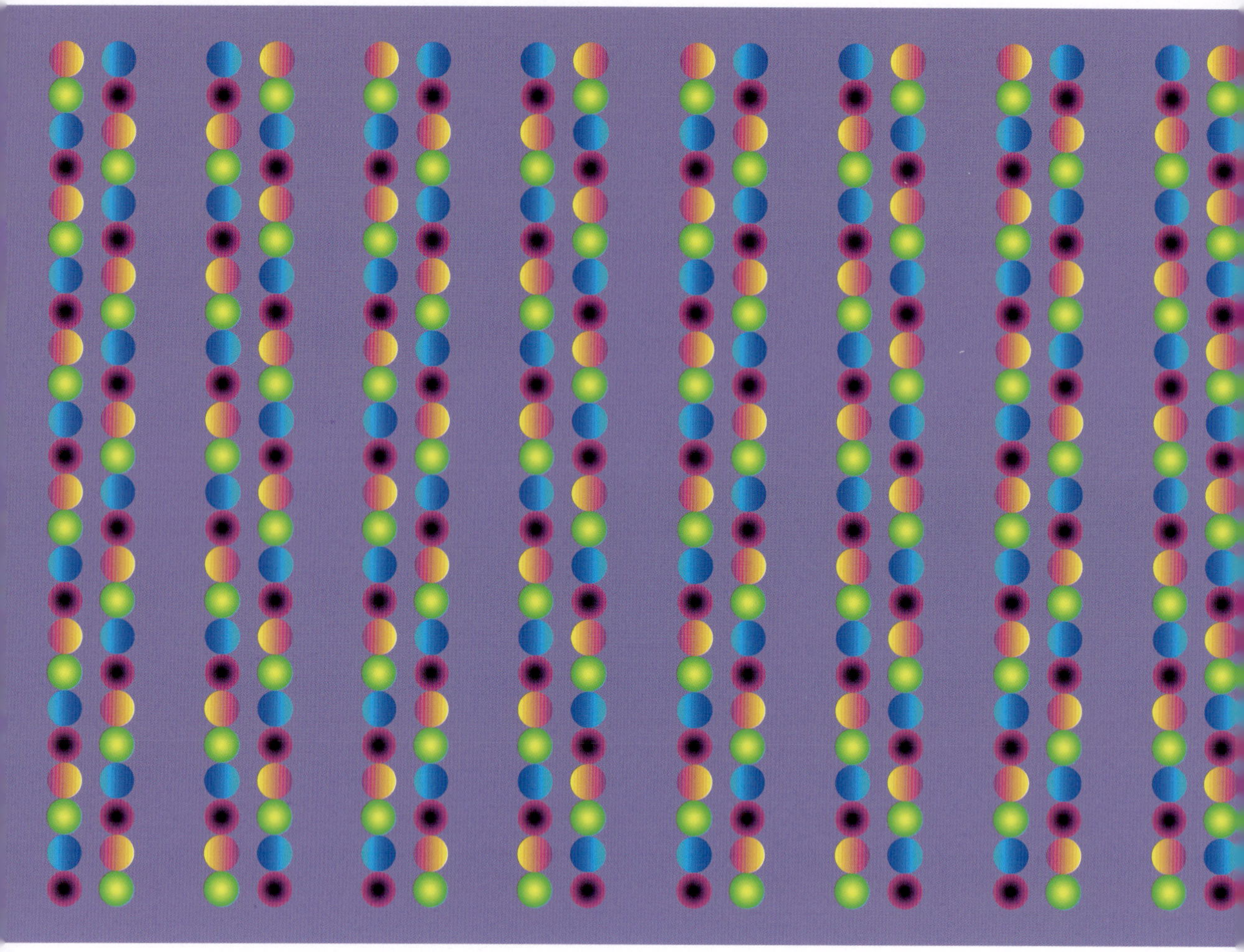

傾き錯視

ビーズ柳

垂直に並べられているビーズが､左から２列ずつ､右・左・右・左と傾いて見えます。ポップル錯視（P74 の解説参照）という幾何学的錯視（形の錯視）によるもの。ポップル錯視では、「ビーズ」に相当する「窓」の中身は縞模様ですが、本作品は同心円的グラデーションのビーズ２種類、水平方向のグラデーションのビーズ２種類からできています。

TRICK POINT

垂直に並べられたビーズ

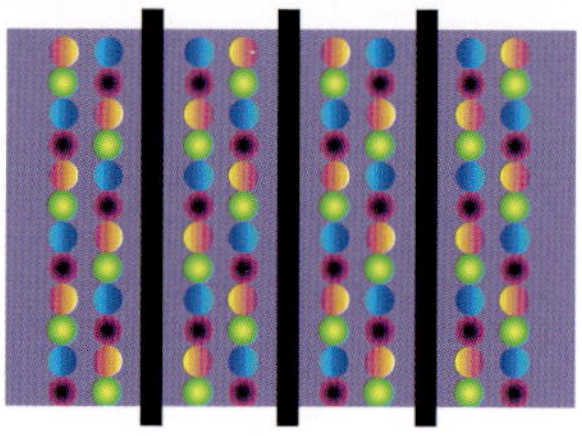

ビーズが垂直に並べられているのがわかる。ほかにピクッと動いて見える錯視と、上下に図を動かすとビーズ列が左右に動いて見える錯視も観察できる。

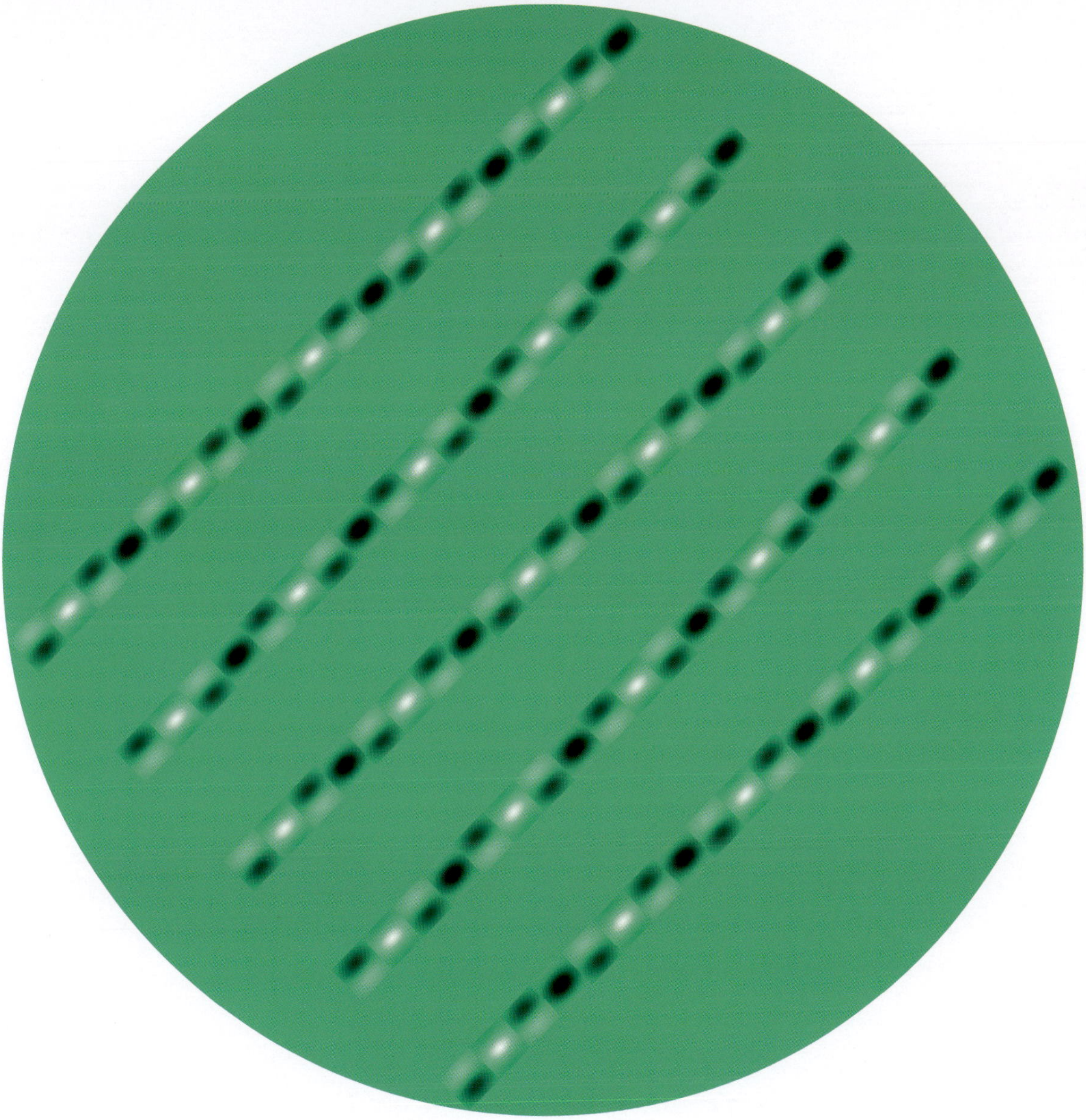

傾き錯視

藍藻

5本の「藍藻」は平行に描かれていますが、左上から時計回り・反時計回りと交互に傾いて見えます。

この錯視は、「ビーズ柳」と同様、ポップル錯視を応用したものです。応用図というよりも、基本図形に近いです。列を斜めにしているのはその方が錯視量が多いからで、これは傾き錯視に共通した性質です。

TRICK POINT

◉ 平行に並べられた藍藻

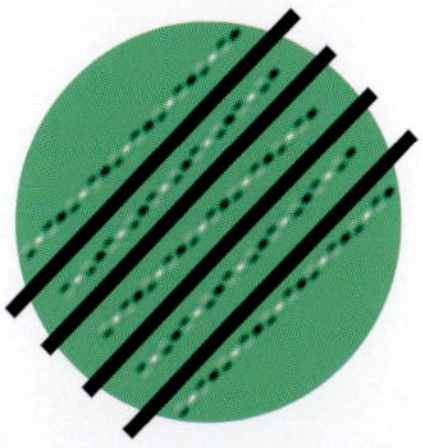

藍藻は平行に並んでいることがわかる。ほかに、２本目と４本目の藍藻の列が動いて見える錯視や、白い部分がピンクがかって見える錯視も見られる。

［解説］
EXPLANATION
06

なぜビーズが傾くのか？

ポップル錯視のしくみ

縞模様がずれていることで錯視効果が生まれる

作品「ビーズ柳」（P72）は派手に着色しているため仕掛けがわかりにくいかもしれませんが、この傾き錯視は、フェーズ・シフト錯視あるいは報告者（Ariella V. Popple）の名前を取ってポップル錯視というものです。ポップルさんはアメリカの視覚研究者です。(Popple and Levi, 2000; Popple and Sagi, 2000)

ポップル錯視の基本図形は、図1のようなものとなります。縞模様の円形の塊（ガボールパッチという）はそれぞれの列で水平に並んでいるのですが、全体として列が交互に傾いて見える錯視です。

ご覧の通り、それぞれの縞模様も水平に描かれているのですが、隣のガボールパッチの縞模様は上下方向に少しずれています。このずれ（フェーズ・シフト）の方向に、列全体が傾いて見えるのです。

図1では、ガボールパッチが横方向に8個で1セット（1周期）となっていますが、「ビーズ柳」では縦方向に4個で1セットです。つまり、上か下に4つ進むと、同じビーズが現われます。これをポップル錯視としてわかりやすく表示すると、図2となります。図2では錯視が弱いのですが、これは縞模様と背景の境界がはっきりしていることが原因と考えられ、この図をぼかすことで傾き錯視は顕著になります（図3）。

近年、インターネットなどで文字列が傾いて見える錯視に人気があります。この錯視の説明として、文字の横線が順番に上あるいは下方向にずれて並んでいることによってポップル錯視が起こるから、という説があります。図4の「安全工学・」で考えますと、「全」と「工」と「学」の一番下の横棒は、その順に上にシフトしています。さらに、「学」の一番下の横棒は、「・」と「安」の横棒にまでつながっています。

文献
Popple, A. V. and Levi, D. M. (2000) A new illusion demonstrates long-range processing. Vision Research, 40, 2545-2549.
Popple, A. V. and Sagi, D. (2000) A Fraser illusion without local cues? Vision Research, 40, 873-878

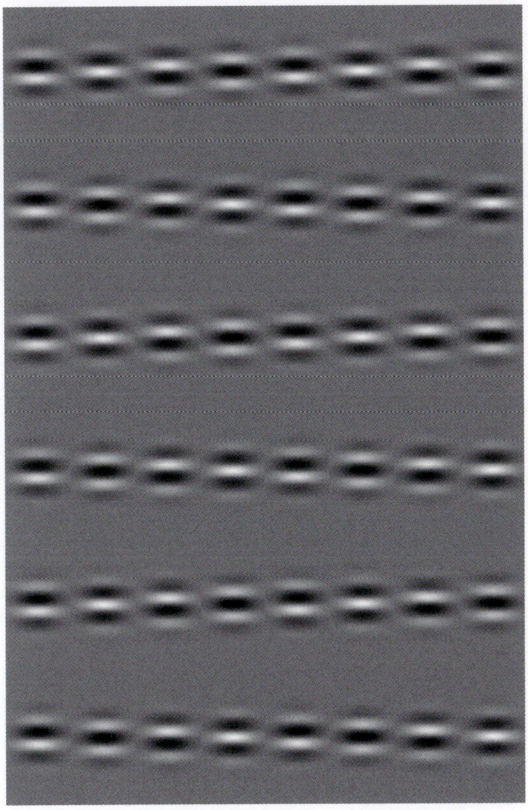

図1　ポップル錯視（フェーズ・シフト錯視）

ぞれぞれの縞模様（ガボールパッチ）は水平に並んでいるが、上の列から左・右・左・右・左・右に傾いて見える。

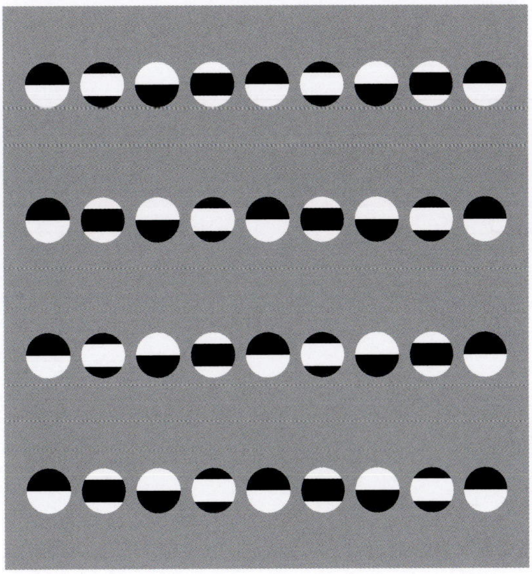

図2

「ビーズ柳」に用いられているポップル錯視の模式図。4種類のパッチでできている。上の列から左・右・左・右に傾いて見える。

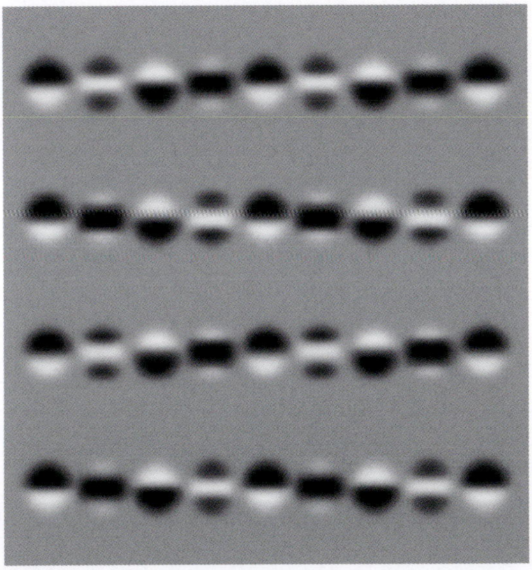

図3

図2をぼかしたもの。錯視が強くなる。

安全工学・安全工学・安全工学・安全工学・安全工学・安全工学
安全工学・安全工学・安全工学・安全工学・安全工学・安全工学

学工全安・学工全安・学工全安・学工全安・学工全安・学工全安
学工全安・学工全安・学工全安・学工全安・学工全安・学工全安

安全工学・安全工学・安全工学・安全工学・安全工学・安全工学
安全工学・安全工学・安全工学・安全工学・安全工学・安全工学

学工全安・学工全安・学工全安・学工全安・学工全安・学工全安
学工全安・学工全安・学工全安・学工全安・学工全安・学工全安

安全工学・安全工学・安全工学・安全工学・安全工学・安全工学
安全工学・安全工学・安全工学・安全工学・安全工学・安全工学

図4「安全工学傾き錯視」

文字列が傾いて見える錯視の例。明朝体で「安全工学・」と繰り返し書くと、右上がりに見える。

渦巻き錯視

運動会

同心円が歪んで見えます。これは、円が交互に渦巻きの一部に見える渦巻き錯視である、と言いたいところなのですが、必ずしも渦に見えない人もいますから、同心円が歪んで見える錯視と呼んでおくのが安全でしょう。

なお、この錯視の基本的な傾き錯視はフレーザー錯視です。この作品には元気がよい印象がありますが、それも錯視のせいで、円に沿って何かが回転して見える錯視が混入しています。このような形態の縞模様は、錯視の宝庫です。

TRICK POINT

◉ 力強さのある作品

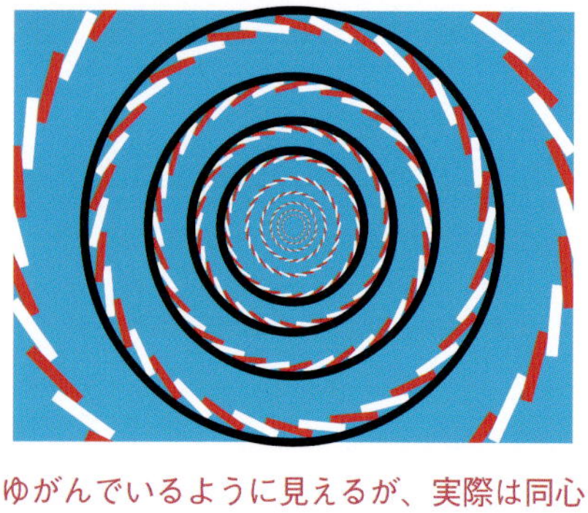

ゆがんでいるように見えるが、実際は同心円。芸術作品には、美しさだけでなく、活発さや力強さが感じられるものがあるが、それらの一部は静止画が動いて見える錯視に原因が求められる可能性がある。

渦巻き錯視

うずしおセット

同心円（中心が同じで大きさの異なる複数の円）が渦巻きに見えます。たとえば､左上の図では、左に回転して中心に向かう円に見えます。これは、フレーザー錯視の渦巻き錯視です。本作品は、構成成分が同心円であることが確認しやすい図ですが、錯視の強い人には渦巻きとしか見えないかもしれませんし、錯視の弱い人には同心円としか見えないかもしれません。そのほか、静止画が動いて見える錯視もあって、円が何となく回転しているようにも見えます。

TRICK POINT

◉フレーザーの渦巻き錯視

渦巻き錯視は、それを最初に発表した1908年のフレーザーの作画があまりに見事であったため、渦巻き錯視はフレーザー錯視によってのみ作るものという先入観ができ、90年以上打ち破られることはなかった。

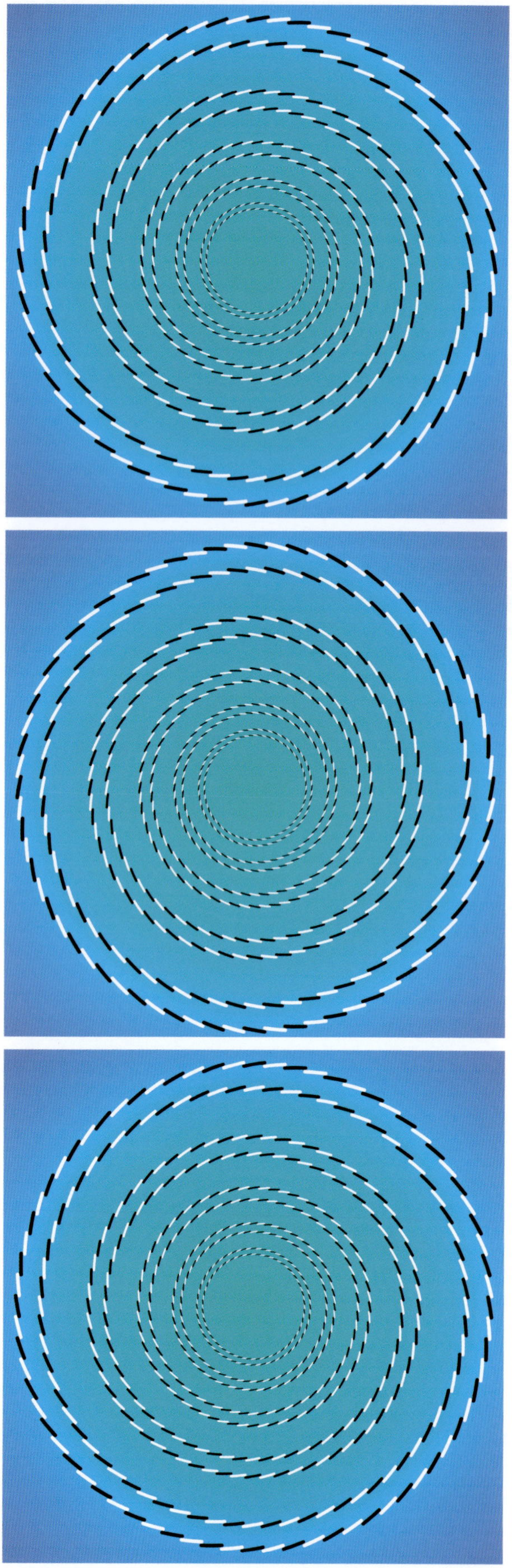

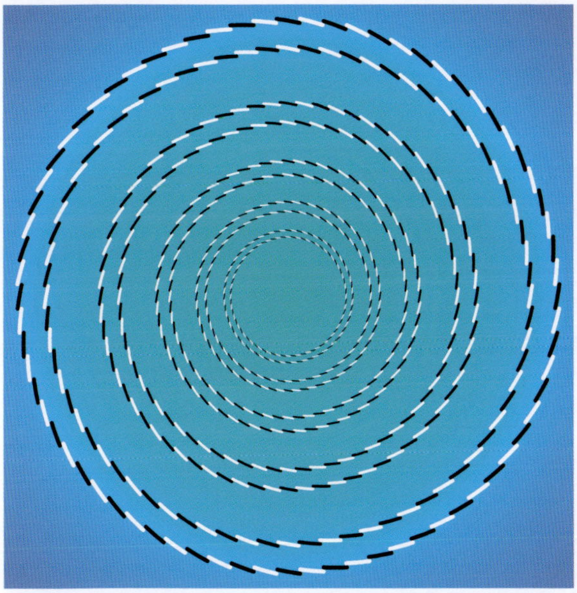

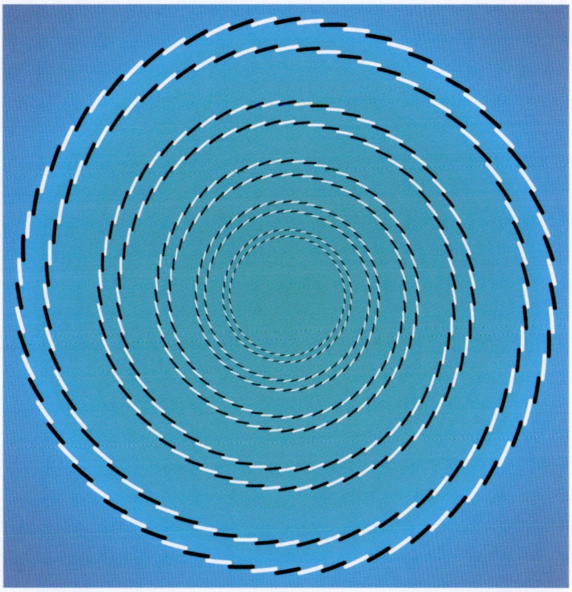

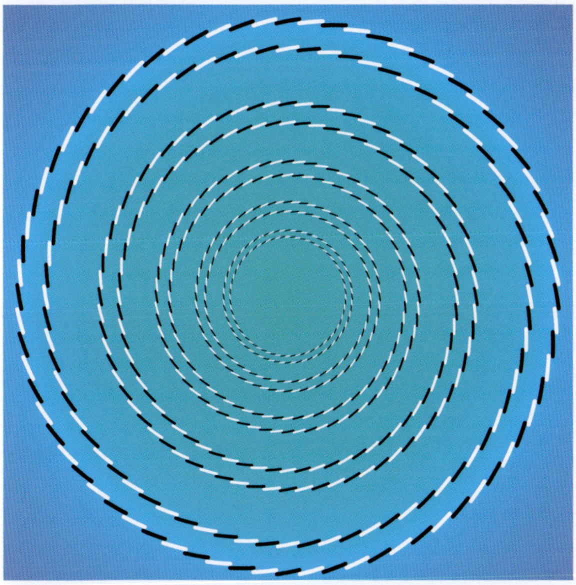

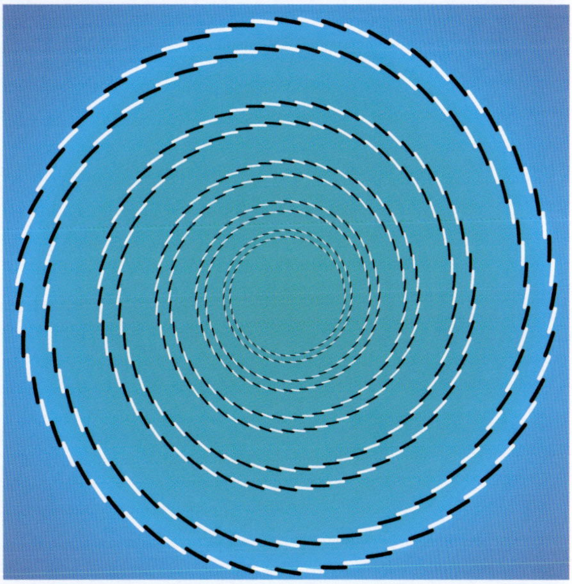

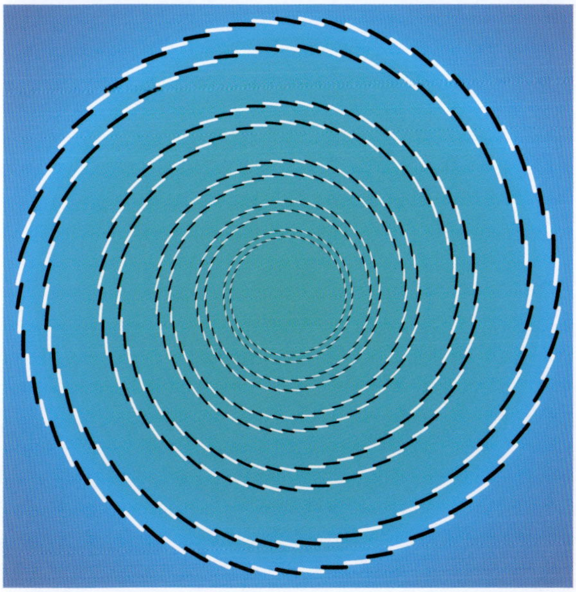

渦巻き錯視

渦巻きの詰め合わせ

同心円のリングが渦巻きに見えます。私の創作した渦巻き錯視のデザインの中では、錯視量が多い（錯視が強い）せいか、一番人気のある作品です。この渦巻き錯視の基本錯視は、カフェウォール錯視系統の錯視です。「渦巻き」が回転して見える錯視もあるが、まばたきをすると回転が促進します。まばたきのやりすぎは目に悪いので、注意してください。

TRICK POINT

◉ 錯視量が多い作品

渦巻きに見えるリングは、実際は同心円のリング。P65 解説ページの図3ABCD すべてを使った錯視で、錯視の作用点が多いことで、錯視量が多いと予測できる。

渦巻き錯視

エアメール
スパイラル

赤・白・青の平行四辺形の同心円配列が渦巻きに見えます。絵柄としては、エアメールの封筒が吹き荒れているように見えておもしろいと思います。しかし、よく考えると、この錯視デザインがなぜ渦巻き錯視になるのかわからないことに気がついて愕然としました。私はこの錯視を見つけたものの何も研究せず、他の研究者もノーマークだったのです。

TRICK POINT

ツェルナー錯視…ではない!?

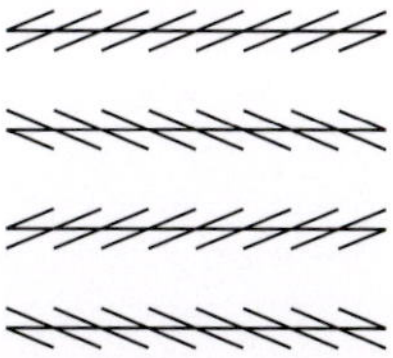

平行四辺形の斜辺が同心円に対して斜めに交差していることで、ツェルナー錯視が起きている考え方もあるが、ツェルナー錯視は小さい鋭角（10°～30°）でないと十分起きない。

［解説］
EXPLANATION
07

なぜ渦巻きに見えるのか？

巻貝の渦巻きと蚊取り線香の渦巻きのしくみ

渦巻きを見たとき 脳はどう認識するのか

渦巻き（あるいは螺旋）には、数学的には2種類あります。巻貝の渦巻きと蚊取り線香の渦巻きです。それぞれ、ベルヌーイの螺旋とアルキメデスの螺旋といいます（図1）。ベルヌーイの螺旋には別名があり、等角螺旋ともいいます。等角螺旋と呼ばれる理由は、螺旋上のある点と螺旋の中心を結ぶ線（図2の青い線分）と、その点を通り螺旋に接する線（図2の赤い線分）の成す角度が一定（等角）であるという数学的性質から来ています。

自然界における銀河や台風は、巻貝のような一筆書きの螺旋ではありませんが、ベルヌーイの渦巻きとして知覚できると思います。その理由がここにあるのです。私たちの脳は、渦巻きパターンを見たときには、まずどこが渦巻きの中心であるかを判断します。そして、その中心から見て、そのパターンを構成する各成分がどのような方向を向いているかを調べると考えられます。

その結果、各成分の向きが中心から見て直交方向なら同心円パターン、同じ方向なら放射状パターン、その間の角度なら渦巻きパターンと認識できます（図3）。

ところで、本当は同心円パターンでも、そのパターンを構成する各成分が錯視によって傾いて見えている場合はどうでしょうか。そうなったら、図全体としては渦巻きに見えるしかありません。これが渦巻き錯視の原理と考えられています（Kitaoka, Pinna and Brelstaff, 2001）。

渦巻き錯視はあらゆる傾き錯視から作ることができます。図4は、フレーザー錯視（図5）からフレーザー錯視の渦巻き錯視を作ってみたところです。要するに、傾き錯視の図形を円形に描けばよいのです。

文献
Kitaoka, A., Pinna, B., and Brelstaff, G. (2001). New variations of spiral illusions. Perception, 30, 637-646.

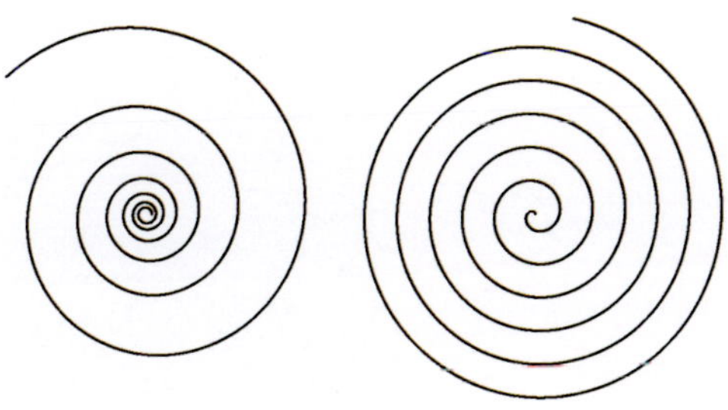

図1　ベルヌーイの螺旋（左）

巻貝の渦巻き。

アルキメデスの螺旋（右）

蚊取り線香の渦巻き。

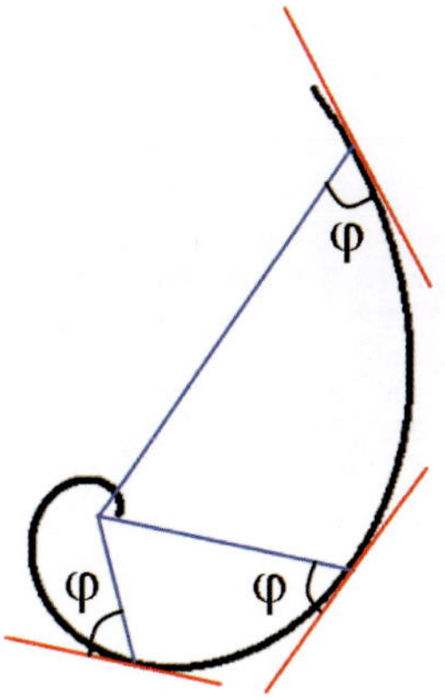

図2

ベルヌーイの螺旋が「等角螺旋」と呼ばれる理由。φが常に一定であるからである。

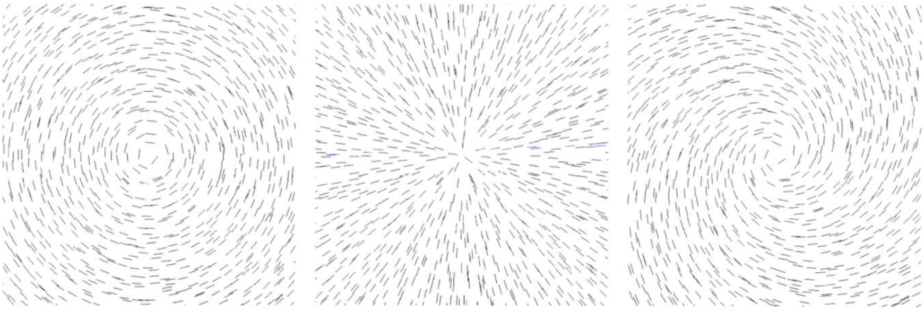

図3　代表的な極座標系パターン

左から同心円パターン（φ = 90°）、放射状パターン（φ = 0°）、渦巻きパターン（φ = 70°）。

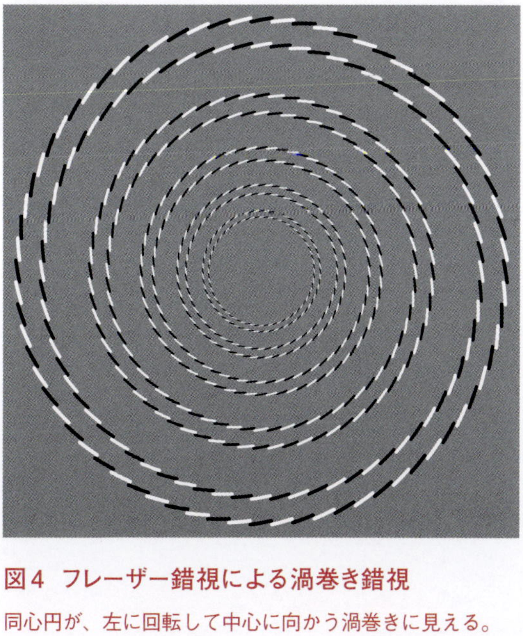

図4　フレーザー錯視による渦巻き錯視

同心円が、左に回転して中心に向かう渦巻きに見える。

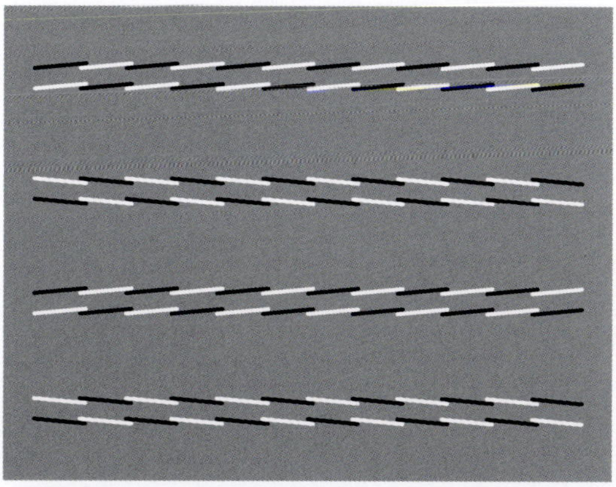

図5　シンプルな線で構成したフレーザー錯視

各ペア列は平行であるが、上から左・右・左・右に傾いて見える。

Chapter3
色の錯視

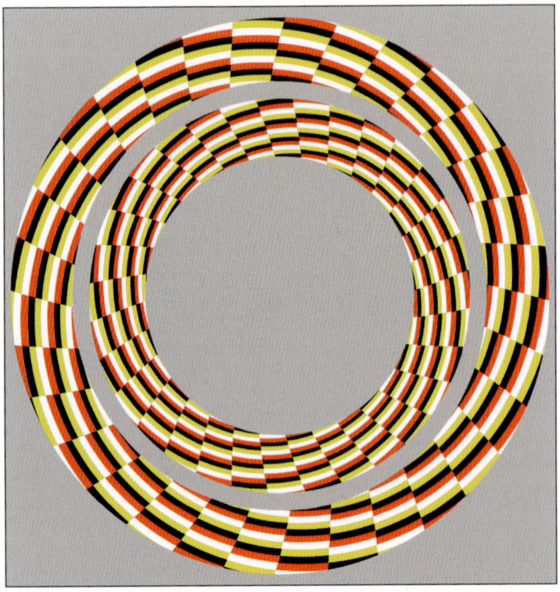

同じ色？ 違う色？
色にまつわる不思議な錯視

「色の錯視」という表現は、比較的最近のものです。少し前までは、色相が変化して見える現象なら、「色の対比」や「色の同化」と呼ばれ、彩度が変化して見える現象なら「彩度対比」、白黒の模様に色が付いて見える現象は「主観色」などと呼ばれ、「錯視」とはあまり呼ばれませんでした。その理由としては、「色そのものが主観的なものであり、錯覚とは客観的なものと知覚のズレだから、『色の錯視』と表現したのでは矛盾である」と、暗黙のうちに考えられてきたためかもしれません。

一方で、強力な色の対比や同化を与える刺激配置がいくつか発見され、もはや同じ色とは確認できないほどの効果が得られるようになった結果、「色の錯視」という表現も次第に市民権を得られるようになってきたように思います。

Chapter3

色違い錯視

武田信玄（上図）
風林火山（下図）

作品「武田信玄」（上図）では、左右に薄い黄色と濃い青色の渦巻きがあるように見えますが、左半分は白と黒であるのに対し、右半分は黄と青なのです。基本となる色の錯視は、ムンカー錯視と言います。背景の赤とマゼンタ（明るい赤紫）の配置を交換するだけで、これらの「本当の色」がわかりやすくなります。それが作品「風林火山」（下図）です。実際には、「風林火山」では、黄と青は普通に描く場合よりも、鮮やかに見えています。これも、錯視による効果です。

TRICK POINT

◉ 拡大すると同じ黄と青

「武田信玄」の右半分と「風林火山」の右半分の黄と青の渦巻きは鮮やかさが違って見えるが、拡大すると同じ色であることがわかる。

色違い錯視

四色の犬

色の土牢錯視を応用した作品。格子の色が同化(同じ色を誘導)、周囲の正方形の色が対比（反対の色を誘導)の効果を及ぼしています。左上の犬では、格子は紫、周囲の正方形は黄緑なので、紫が誘導され、実際にはオレンジ色の犬は赤みが増して見えます。その右隣の犬では、格子は黄緑、周囲の正方形は紫で、黄緑が誘導され、黄みが増して見えます。

TRICK POINT

◉ 同じ色の犬はどれ??

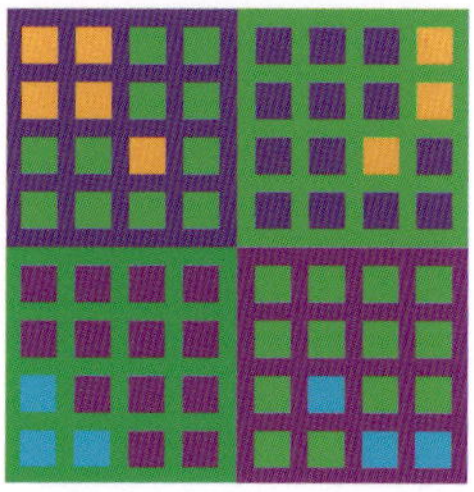

このように拡大すれば、上の橙色が左右で同じ色で、下の水色も左右で同じ色であることがわかる。

なお、土牢錯視（Bressan,2001）は明るさの錯視である。
文献：Bressan, P. (2001) Explaining lightness illusions. Perception, 30, 1031-1046.

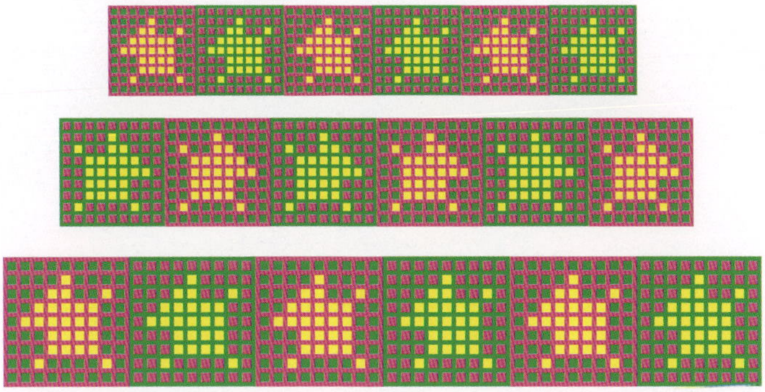

色違い錯視

二色の犬

クリーム色とレモンイエロー色の２種類の犬がいるように見えますが、どちらも同じ黄色です。「四色の犬」と同様、色の土牢錯視です。ただ、「四色の犬」では犬の本当の色はオレンジ色と青緑色で、どちらも中間色なのですが、本作品の犬の色は黄色という原色である点が異なります。原色にも、中間色と同じようにこの色の錯視が起こることがわかります。

TRICK POINT

● 原色でも起こる錯視

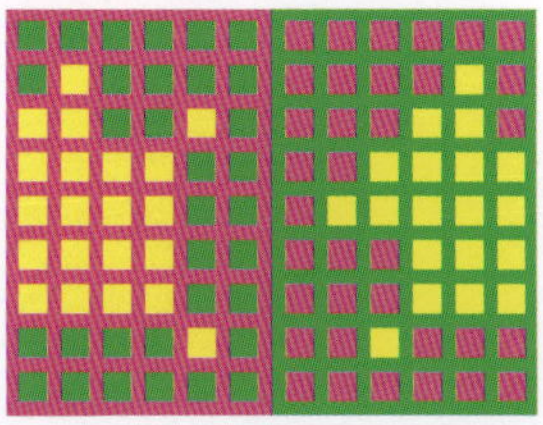

格子がマゼンタ、外側の正方形が緑で、黄色にマゼンタが誘導→クリーム色に。格子が緑、外側の正方形がマゼンタで、黄色に緑が誘導→レモンイエローに見える。

色違い錯視

あじさい

斜めに並んだ正方形３個同士は同じ色（薄い赤）ですが、左の３個が灰色のように見えるのに対して、右の３個はピンクに色づいて見えます。これは、周囲の反対色が誘導される色の対比ともいえますし、左は周囲の彩度の反対が誘導される彩度対比であるともできます。さらに、これを色の恒常性の表れとして説明することもできそうです。

TRICK POINT

◉ 色の恒常性って何？

色の恒常性とは、照明の色味が変わっても、対象の色味は変化しないように見えることである。色の恒常性が働けば、色の付いた照明下でも、灰色のものは灰色に見えることになる。

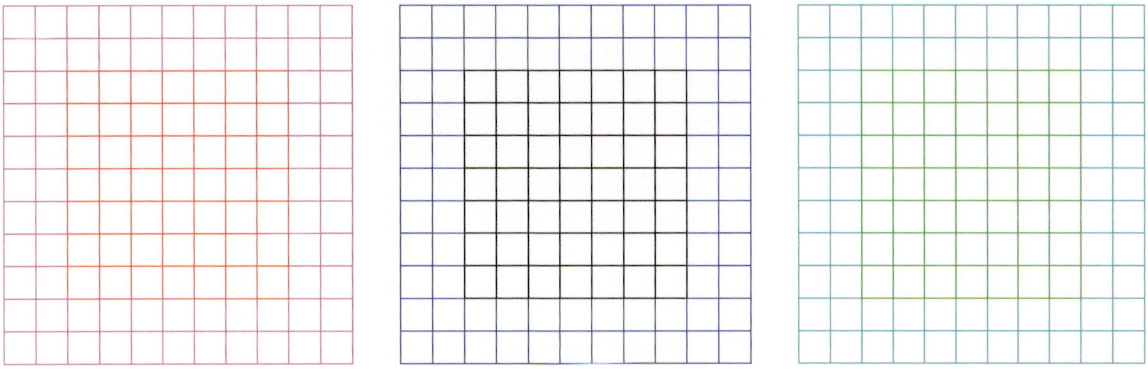

色違い錯視

黄ばみ

格子の中央部分が黄ばんで見えますが、これらの図には黄色は使っていません。黄ばんで見える錯視そのものは、ネオン色拡散（P116の解説参照）では1970年代から図形が示され、波線色錯視（Sohmiya,2007）にも見られます。共通することは、背景が白の場合、赤とマゼンタの線の組み合わせ、あるいは緑とシアンの線の組み合わせで起こせることです。

TRICK POINT

◉ 黄色を使ってないのに黄ばむ

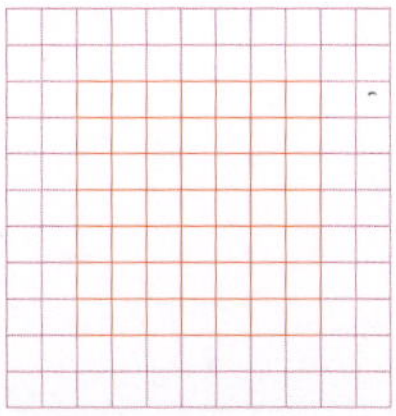

赤とマゼンタから黄を作るには、マゼンタの反対色である緑が誘導されて、その緑と赤が加法混色で黄を誘導するという説を、私は支持したい。

文献：Sohmiya, S. (2007) A wave-line colour illusion. Perception, 36, 1396 - 1398.

色違い錯視

小家族

左の鳩も右の鳩も同じ白ですが、左の方は黄みがかって見えます。「黄ばみ」（P91）と似ていますが、こちらはムンカー錯視。色の縞模様は緑とシアン（青緑あるいは水色）ですが、左の黄みがかって見える部分は、境界を長く接している側面の緑から色の同化を受け、短く接しているシアンから反対色の赤が誘導され、加法混色で黄が誘導されると考えられます。

TRICK POINT

◉ 青みがかって見えない理由

加法混色　減法混色

上記の理屈では、右の方は青みがかって見えそうだが、そうはならない。緑の反対色であるマゼンタとシアンからは、減法混色でないと青ができないからと考えられる。

色違い錯視

ぐるぐる3

それぞれの同心円の内側にある４つのリングは同じ色であるが、違う色に囲まれると異なって見えます。実際の色は青みの緑ですが、青紫の正方形の中にあるリングは水色あるいは青緑色に、橙色の正方形の中にあるリングは黄緑色に見えます。この作品では、外側のリングの色も錯視に参加しています。外側の色の反対の色が内側に誘導されます。

TRICK POINT

◉ ４つのリングは青緑

「あじさい」（P90）とは逆に、背景色からの色の同化が起きている。同心円の内側の４つのリングは、実際は青みの緑である。

[解説] EXPLANATION 08

なぜ違う色に見えるのか？

色相の錯視のしくみ

赤が紫に、黄緑が水色に変わって見える!?

色には、色相、彩度、明るさという3つの属性があります。一般的に色の錯視というと色相の錯視のことで、たとえば、赤がマゼンタ（明るい赤紫）に見えたり、黄緑が水色に見えたりする錯視のことです。ここでは最近の作品に使われている色の錯視の基本図形について、述べてみたいと思います。

私が作品に使っている色の錯視は3種類あります。ムンカー錯視、色の土牢錯視、名前がまだない錯視です。ムンカー錯視とは、図1のようなものです。図1の上半分を考えると、黄と青の縞模様があって、青の縞模様のフェーズに合わせて赤の縞模様を描くとオレンジに見え、黄の縞模様のフェーズに合わせて赤の縞模様を描くとマゼンタに見えます。たとえば、オレンジに見えるのは、左右の黄の縞から色の同化（同じ色相の黄に誘導される）、上下の青の縞から色の対比（反対の色相の黄に誘導される）が起きたため、赤と黄の混色でオレンジとなったと考えられます。

図1　ムンカー錯視

左上にはオレンジ色の縞模様、右上には明るい赤紫色の縞模様があるように見えるが、同じ赤色である。また、左下には黄緑色の縞模様、右下には青緑色の縞模様があるように見えるが、同じ緑色である。

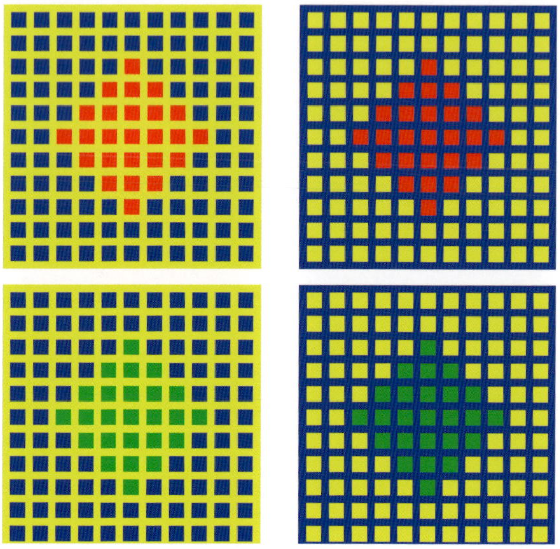

図2　色の土牢錯視

左上にはオレンジ色のブロック、右上には明るい赤紫色のブロックがあるように見えるが、同じ赤色である。また、左下には黄緑色のブロック、右下には青緑色のブロックがあるように見えるが、同じ緑色である。

色を誘導することで違う色に見せる

「武田信玄」（P86）と「風林火山」（P86）は、ムンカー錯視の作品です。若干説明が複雑になりますが、赤とマゼンタ（明るい赤紫）の縞模様でムンカー錯視を誘導しますと、赤の反対色であるシアン（青緑あるいは水色）とマゼンタの混色で青が誘導される場所と、マゼンタの反対色である緑と赤の混色で黄が誘導される場所ができます。「武田信玄」では、白と黒の縞にそれぞれ錯視による黄と青を加えることで無彩色にほんのり黄と青の色味を付け（左半分）、黄と青の縞にそれぞれ錯視による青と黄を加えることで彩度（鮮やかさ）を減じています（右半分）。

これらの作用によって、左右の色が似たような色に見えるわけです。一方、「風林火山」では、白と黒の縞にそれぞれ錯視による青と黄を加えているはずなのですが、色味が付いた感じはなぜか弱いためそのまま白と黒に見え、黄と青の縞にそれぞれ錯視による黄と青を加えることで彩度を増強しています。これらの作用によって、左は白と黒、右は黄と青の渦巻きであることが明瞭にわかります。

図2は色の土牢錯視、図3は名前がまだない錯視の基本図形です。「四色の犬」（P88）と「二色の犬」（P89）は色の土牢錯視の作品で、「ぐるぐる3」（P93）は名前がまだない錯視の作品です。実は、「名前がまだない錯視」に近い錯視にモニエ・シェベル錯視という色の錯視があるのですが、同じと言い切れないので、本書では未解決のままとします。

これら3つの基本錯視のメカニズムは、ある程度共通しているのではないかと想像していますが、描き方は少しずつ異なります。基本図形を眺めてコツをつかんでいただければと思います。

図3　名前がまだない錯視

左上にはオレンジ色の同心円、右上には明るい赤紫色の同心円があるように見えるが、同じ赤色である。また、左下には黄緑色の同心円、右下には青緑色の同心円があるように見えるが、同じ緑色である。

図4「武田信玄」（上）「風林火山」（下）

ムンカー錯視を使用した作品。

色変化錯視

2つの環

一見して内側のリングは縮小して見え、外側のリングは拡大して見えます。これは、最適化型フレーザー・ウィルコックス錯視です。

しかし、この作品で強調したいのは以下の錯視です。中心を見ながら図に目を近づけると内側のリングが赤みを増し、目を遠ざけると外側のリングが赤みを増して見えます。

TRICK POINT

1つで3つの錯視効果

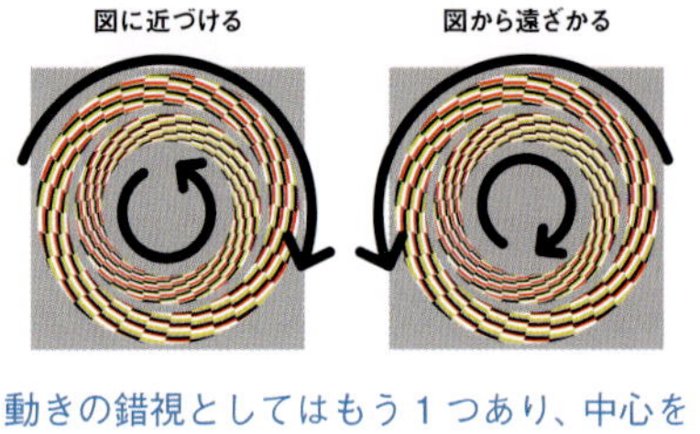

動きの錯視としてはもう1つあり、中心を見ながら図に目を（図を目に）近づけたり遠ざけたりすると、リングが互いに反対方向に回転して見える（オオウチ錯視の回転版）。

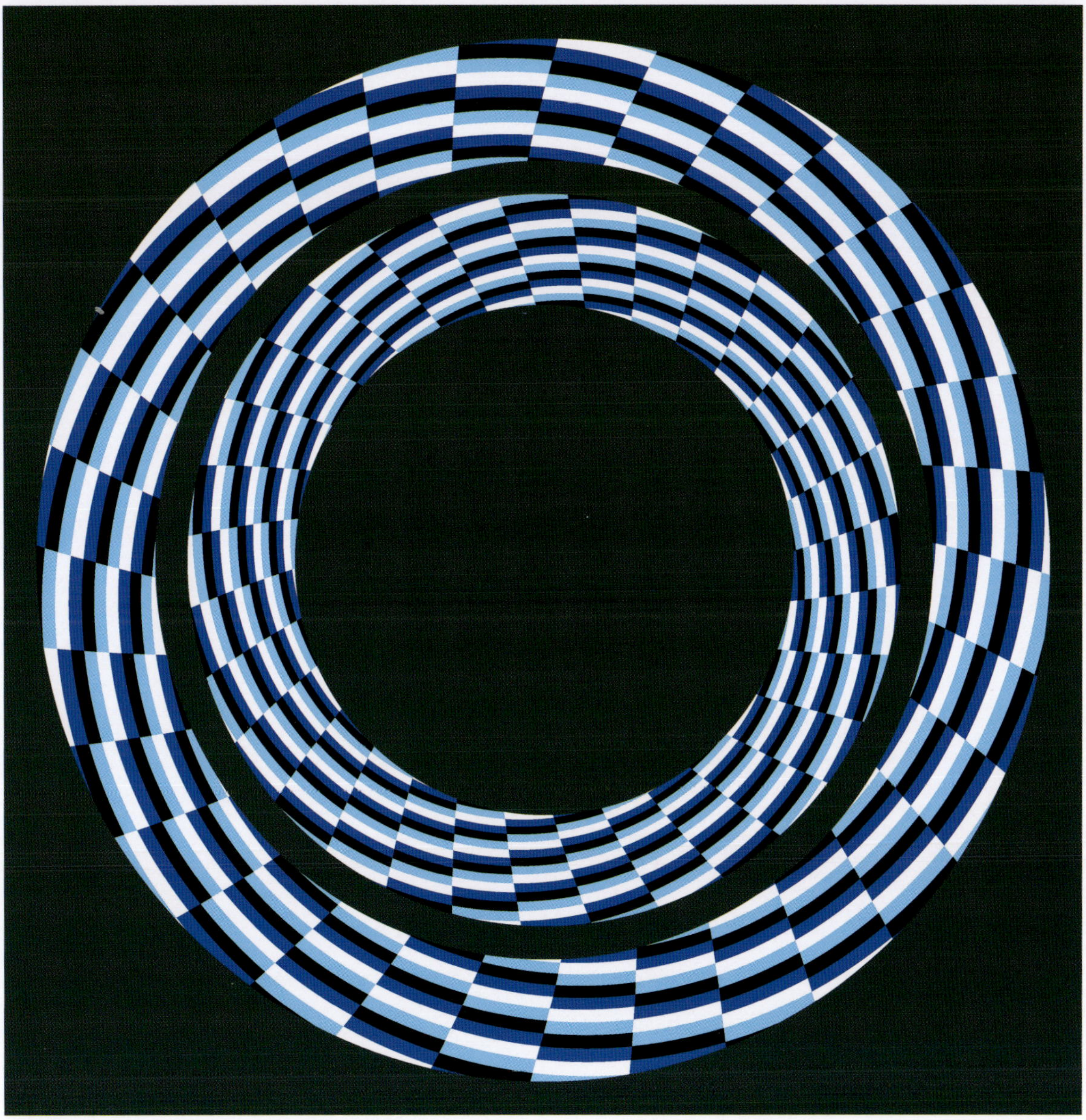

色変化錯視

青い2つの環

「2つの環」（P96）と同様に、内側のリングは縮小、外側のリングは拡大して見えます。また、中心を見ながら図に目を（図を目に）近づけると、リングが互いに反対方向に回転して見えます。さらに、注目して頂きたいことは、目を近づけると内側のリングが水色みを増し、目を遠ざけると外側のリングが水色みを増して見えることです。

TRICK POINT

◉ オオウチ錯視で動き出す

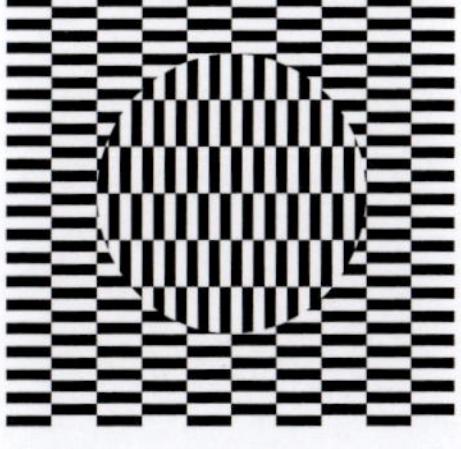

オオウチ錯視とは、長方形の市松模様を組み合わせると発生する錯視で、何もしなくても内側が動いて見える。

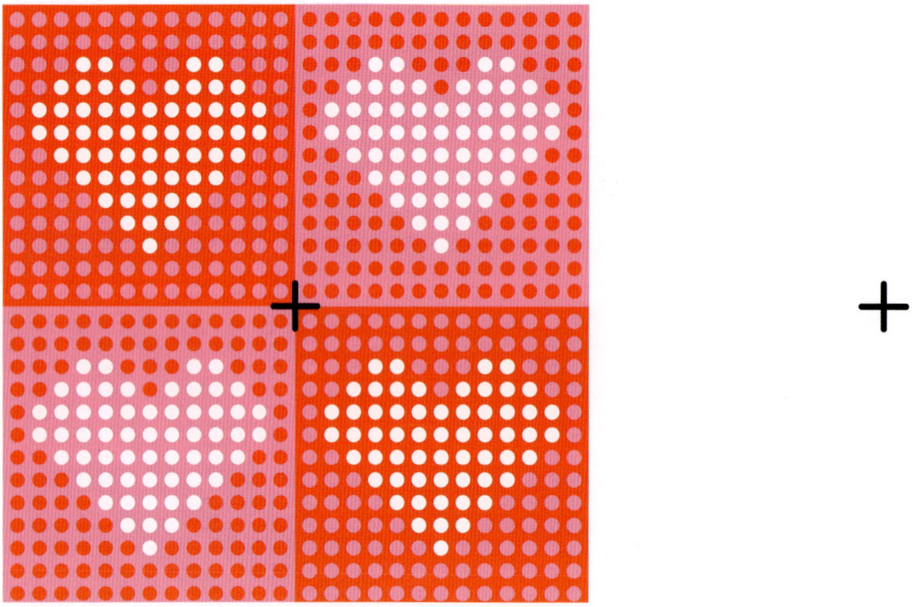

色変化錯視

ピンクのハートとオレンジのハート

左上と右下のハートは黄色く見え、右上と左下のハートは青白く見えますが、どちらも背景と同じ白です。このハートの陰性残像は、それぞれピンクのハートとオレンジのハートです。

左の十字を目を動かさず10秒以上眺め、右の十字に目を移すと、短時間(1秒程度)ですが観察できます。

TRICK POINT

◉ ハートの残像が見える

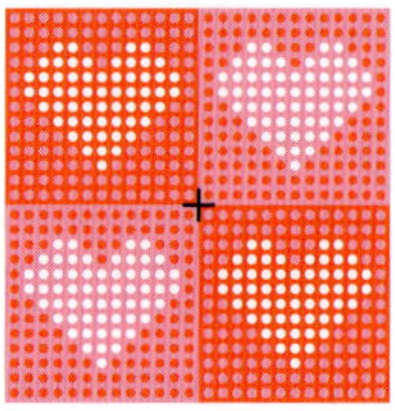

「陰性残像」(negative afterimage)とは、順応色(見つめていた色)の反対の色に見える残像という意味なので、将来、用語を変更する必要が出てくるかもしれない。

色変化錯視

赤い玉と黄色い玉

左の十字を10秒以上見つめ、右の十字に目を移しますと、その上下に色の付いた円が見えます。上は水色の背景の上に赤色の円が9つ、下は青の背景の上に黄色の円が9つ見えます。

　左側にある順応刺激の9つずつの円は灰色ですので、無彩色の残像として有彩色が見えたことになるのです。

TRICK POINT

◉ 9つの円が現れる

順応刺激である灰色の円に周囲の色の対比が起きて、その残効だと考えることができる。もっとも、色の対比そのものは、あまり強くは見えていないのであるが。

［解説］
EXPLANATION
09

なぜ色が変わって見えるのか？

新しく発見された色の錯視のしくみ

リングの赤味が増したり青味が増すのはなぜ？

色の錯視の仲間にもいろいろあります。ここでは、新しく発見された「色が変化して見える錯視」と、「色の残像における新しい発見」を紹介します。

「2つの環」（P96）と「青い2つの環」（P97）は、一見すると静止画が動いて見える錯視の作品ですが、色が変わって見える錯視の部分の価値が大きいと考えています。この作品において、リングがなぜ赤味を増したり、青味を増したりするかについては、私一人の仮説にすぎないのですが、次のように考えるとうまく説明できます。

色と光の波長には関係があり、可視光の中でも波長の長い光から、赤、黄、緑、青に見えます。ここで、「光を目で受けてから、波長の長いものほど早く見えるようになる」という仮説を考えますと、「色が変化して見える錯視」をうまく説明できます（図1）。

白はいろいろな波長の光の合成物ですから、白い領域が動けば、白の中の成分である赤と黄が先方に見え、青と緑が後方に残るということになります。

「2つの環」では、後方に残った青が、白の後ろにある黄の領域と混色して色味が低下するとともに、前方にはみ出した赤によって、図全体の赤味が増して見える、という筋書きで説明できます。

なお、この錯視は、一見するとベンハムのコマ（図2）の主観色現象に近いのですが、メカニズムが共通しているかどうかはわかりません。両者の違いはいろいろありますが、たとえば、ベンハムのコマで色が見えるためには、「色が変化して見える錯視」よりも図をずっと速く動かす必要があります。

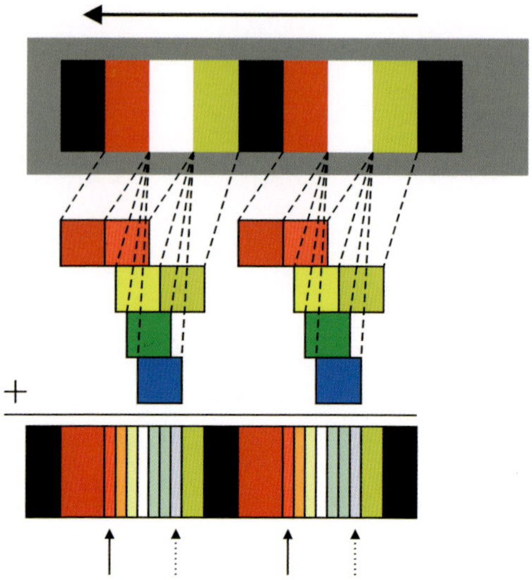

図1
「2つの環」においてリングの赤味が増して見える錯視を、色の見えの時間差で説明する仮説の図。白の中の青成分が相対的に遅れて見えると、その後方の黄と混色して色味を失うが（点線の矢印部分）、前方にはみ出た赤成分はそのまま残る（矢印部分）ので、全体としては赤味が増して見える、と説明できる。

残像は元の色の反対色にならない？

「ピンクのハートとオレンジのハート」(P98) と「赤い玉と黄色い玉」(P99) は、色の残像の作品です。これまで、色の残像は、順応刺激（しばらく見つめる色のこと）の反対色（補色）になるとされてきました（図2)。たとえば、青の反対色は黄で、黄の反対色は青です。色を処理する脳の神経細胞でも、赤と緑、青と黄が対になっていることが知られています。たとえば、ある神経細胞の活動は、赤で興奮、緑で抑制されます。

作品「赤い玉と黄色い玉」では、灰色の円の残像が赤や黄に見えるわけですから、これまでの残像とは異なります。私は､これは「色の錯視の残像」ではないかと考えています。左上の灰色の円は薄い赤に囲まれていますから、色の対比によって赤の反対色が誘導されています。同様に、左下の円には、黄の反対色が誘導されています。色の錯視にも残像があると仮定しますと、左上の円の残像は「赤の反対色の反対色」で赤、左下の円の残像は「黄の反対色の反対色」で黄ということになります。

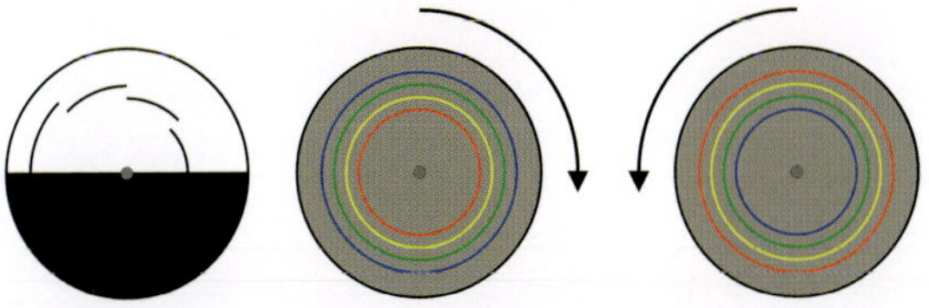

図2　ベンハムのコマ

左の円盤を適度な速度で回転させると、時計回りなら外側から青・緑・黄・赤のリングが見え（中央)、反時計回りなら外側から赤・黄・緑・青のリングが見える（右)。

図3　色の残像

どちらかの十字をしばらく見つめ続け、もう一つの十字に目を移すと、空白部分にそれぞれの円の色の残像が観察できる。残像は、元の色の反対色になる。

Chapter4
オプアートと錯視

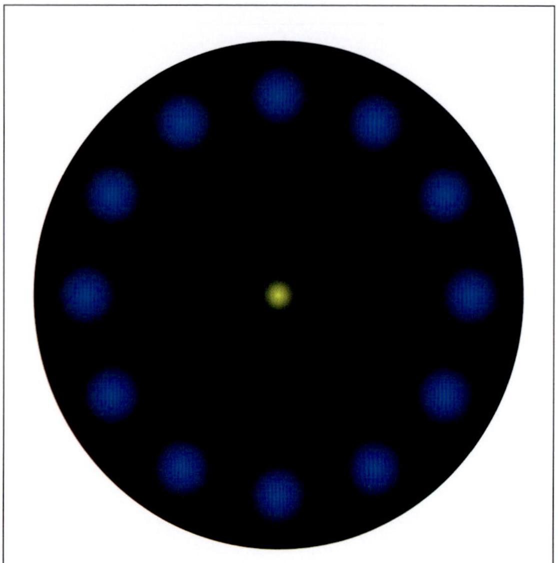

ギラギラ！ チカチカ！
オプアートは錯視の先輩？

錯視のデザインをアートという観点から考えると、オプアート（op artあるいはoptical art）は、錯視デザインの先輩です。もちろん、オプアートは芸術であって、視覚研究を目指したものではありません。一方、錯視デザインは視覚の研究に貢献することが主要な目的の創作物であるとともに、視覚研究の成果でもありますから、両者はその性格が大きく異なります。

しかし、アート作品としては、錯視デザインはオプアートの一種ともいえ、視覚研究のテーマという点では、オプアートの要であるオプ効果（op effect）も、錯視研究の中に含まれます。このような両者の切っても切れない関係を明らかにするために、本章ではオプアート風の錯視デザインを集めてみました。

Chapter4

ギラギラ錯視

光る菊

それぞれの花の中心が光って見えます。物理的には、中心部分を明るく描いているわけでなく、外側の白と同じです。これは、私達の研究では、「視覚的ファントム」という現象ですが、「グレア効果」と呼ぶ研究者もいます。それぞれの花びらは、内側から外側に向けて、黄→黒のグラデーションとなっています。「『光』は白よりも輝度の高いところの知覚である」という物理的な説明がなされることがありますが、私は必ずしも正しくないと考えています。

TRICK POINT

◉ グラデーションによって光る

光る錯視は「逆相性明所視ファントム」と私達が呼んでいるものである（Kitaoka et al., 2005）。黒から薄い灰色のグラデーションによって、白い背景の上に、「光」が作り出される。

文献：Kitaoka, A., Gyoba, J., and Sakurai, K. (2006) The visual phantom illusion: a perceptual product of surface completion depending on brightness and contrast. Progress in Brain Research, 154 (Visual Perception Part 1), 247-262.

ガクガク
錯視

音波

左右の放射状のパターンが、ガクガクと動いて見えます。このガクガクが起こるタイミングは決まっていて、普通に目を動かした直後に起きます。この目の動きは、サッカードと呼ばれています。「跳躍的高速眼球運動」と訳せば完璧かもしれません。サッカードの後に動いて見える錯視というのは、これが初めてです。

TRICK POINT

中心から周辺へ、矢印の錯視

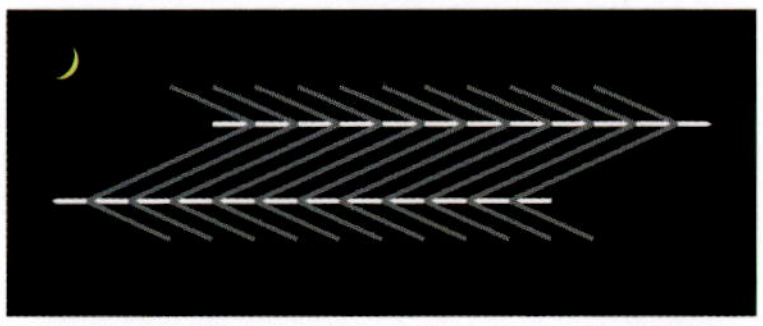

中心から周辺に向けて動いて見える錯視もある。これは「矢印の錯視」という新しい錯視群の一つで、これらも仕組みはわかっていない。

ガクガク
錯視

蛇の放電

「蛇」がガクガク動いて見える錯視と、「蛇」が内側から外側に向かって動いて見える錯視があります。ガクガク錯視は、現象としては以前から知っていましたが、2008年になってその最適なデザインを習得しました。いや、習得したつもりになっていると言った方が、正確かな。このガクガク錯視は、サッカード（跳躍的高速眼球運動）の直後に起きます。

TRICK POINT

サッカードとは何か?

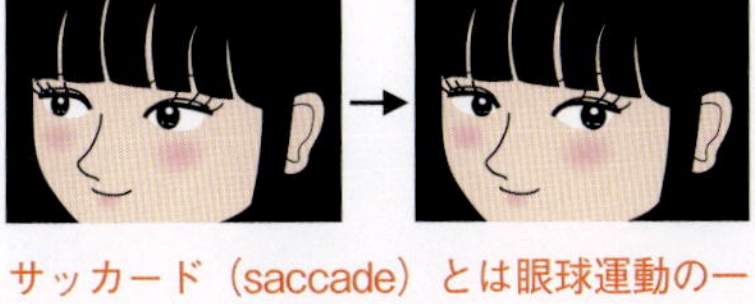

サッカード（saccade）とは眼球運動の一種である。この眼球運動は、注意を向けた対象に、視野の中心を迅速に移動させる動きをする。静止物を見ている時は、固視（じっと見ること）とサッカードを繰り返している。

ガクガク錯視

スピーカー

スピーカーが振動して見えます。もちろんスピーカーの絵ですから、物理的には振動していません。この錯視は「音波」(P106)や「蛇の放電」(P107)などのガクガク錯視に似ているのですが、ガクガク錯視がサッカードのタイミングで起こるのに対して、本作品ではもっと頻繁にガクガクして見えますから、異なる原因による錯視と考えられます。

TRICK POINT

◉ 大ボリュームで振動する

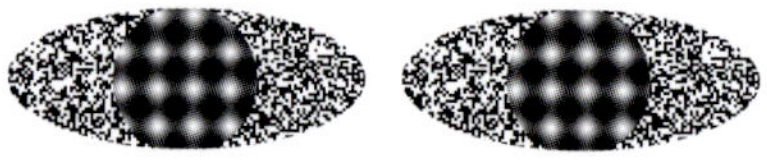

ガクガク錯視の原因として、人間の目はものをじっと見つめていても(固視)、目は不随意に細かく振動していること(固視微動)が多く、そのせいではないかと推測される。

ギラギラ錯視

ピンクのチューブ

ピンクのチューブの中を、勢いよく何かが流れていくように見えます。この錯視自体は「エニグマ錯視」と呼ばれ、研究論文も多いです。エニグマ錯視は、イージア・レビアンの「エニグマ」（謎という意味）というオプアート作品に見られる錯視で、白黒の縞模様に垂直に色の帯を乗せると、帯の上を何かが高速に動いて見えるという現象です。

TRICK POINT

◉ 背景と連続した縞模様

エニグマ錯視のオリジナルとは異なり、本作品では帯の部分は塗りつぶしではなく、背景と連続した縞模様を描いているが、現象としては同じと考えられる。

［解説］
EXPLANATION
10

なぜチカチカするのか？

オプアート錯視のしくみ

チカチカ、ギラギラ縞模様がポイント!?

私の錯視デザインの中には、光って見える錯視（「光る菊」）、ガクガクして見える錯視（「音波」「蛇の放電」「スピーカー」）、チカチカ・ギラギラして見える錯視（「ピンクのチューブ」）があります。これらのカテゴリーもさらにいくつかの錯視に分類できますが、共通していることは、オプアートとの関連性が考えられることです。

オプアート（op art あるいは optical art）とは、チカチカ感・ギラギラ感・ガクガク感（これらを総称してオプ効果という）のどぎつさを全面に押し出した芸術です。オプアートでよく使われる刺激は、縞模様です。具体的には、輝度のコントラストが高く（白黒の明るさの差が大きい）、空間周波数がある程度高い（きめが細かい）図1のような図形が多いです。

図1　オプ効果がよく見られる図形の例

（1）放射状の線が見え、ぎらぎらと生成・消滅を繰り返したり、回転して見えたりする。（2）この図はモノクロ画像であるが、縞と垂直の方向にパステル状の色の縞が見える。（3）同心円のパターンの残像と、放射状のノイズのような残像が見えることがある。このような図は、てんかん脳波を発生させやすいというデータがあるので、鑑賞には十分な注意が必要である。

図2「しびれ」

バーゲン錯視（図4）と主観色でしびれた感じを出している。

まだまだ奥が深い オプアートと錯視の関係

私はオプ効果そのものの研究を避け、オプ効果を構成しているであろう一つ一つの錯視を明らかにすることを目標として、いろいろな研究を重ね、その成果を作品として残してきました。この研究成果を総括する段階にはまだ至っていませんが、正直申しまして、日暮れて道遠しの感があります。

オプ効果の構成成分の一つではないかと考えている現象に、線の先は光って見えるという錯視があります。それを使った作品として「光る菊」(P104) があります。古くはエーレンシュタイン錯視(図3)、最近のものではバーゲン錯視(Bergen, 1985)(図4)があります。

ところが、私が思うに、これらの錯視にはオプアート的などぎつさがあまり感じられません。オプ効果の強さとてんかん脳波の発生率とは正の相関があることが知られていますが、エーレンシュタイン錯視やバーゲン錯視にそのような力があるのだろうかと、つい考えてしまいます。

測定してみないとわからないことを書くのは科学的ではないので、考察はこのあたりで終わりにしたいと思いますが、いずれはオプアートと錯視の関係を科学的に妥当な手法を用いて明らかにしたいと考えています。

図3 エーレンシュタイン錯視

背景が白で、黒い線分による水平線と垂直線が交差する部分にギャップを作ると、その部分に周囲より明るい円形のパッチが見える。

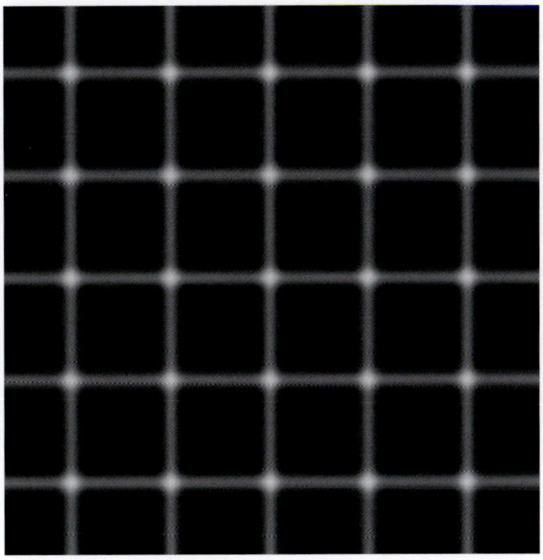

図4 バーゲン錯視

白い格子の交点に、黒いものが「光って」見える。

文献

Bergen, J. R. (1985). Hermann's grid: new and improved (abstract). Investigative Ophthalmology and Visual Science (Supplement), 26, 280.

消える錯視

あさがお

しばらく眺めていると、見ているところから離れた黄色のドットが消失して見えていることに気づきます。

消える錯視の説明としては、❶見えていたものが消える、❷周辺視では視力が低くて最初から見えていない、という２つの可能性があります。これを確かめるには、あさがおの花の真ん中あたりを目を動かさずにしばらく眺めていると、今まで見えていたドットが消えていく様子が観察できますから、❶が正しいと言えそうです。

TRICK POINT

◉ ドット、ありますよね？

消える錯視には色は必須ではなく、モノクロ画像でも起こる。ただ、色がついていると対象がはっきり見え、「消えた」という感動が大きいので、つい着色してしまう。

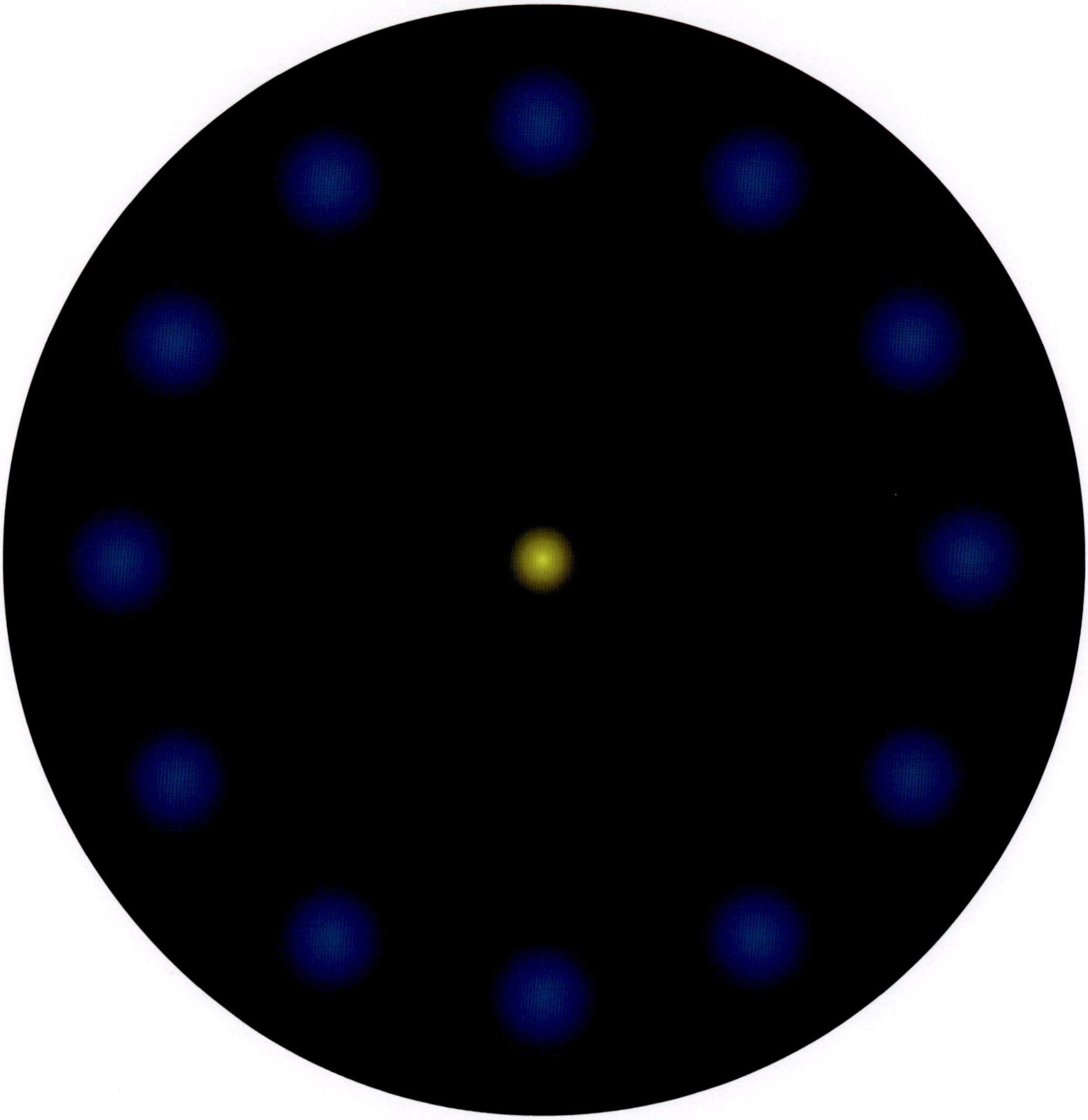

消える錯視

蛍

しばらく中心に目を止めて図を眺めていると、青い蛍がいくつか消えるように見えます。うまくいけば、全部消えて見えます。これは、トロクスラー効果と言います。本作品の青い部分のような、輝度コントラストが低くて（明るさの差が小さくて）、境界のはっきりしないパターンを目の周辺で見ると、周囲の色やテクスチャーに飲み込まれてしまう現象です。

TRICK POINT

◉ さぁ、すべて消してみてください

青色の蛍が消えていく。中心を見ながら目を近づけると、青い光の蛍が逃げていくように見える錯視もあるが、トロクスラー効果とは関係ない。

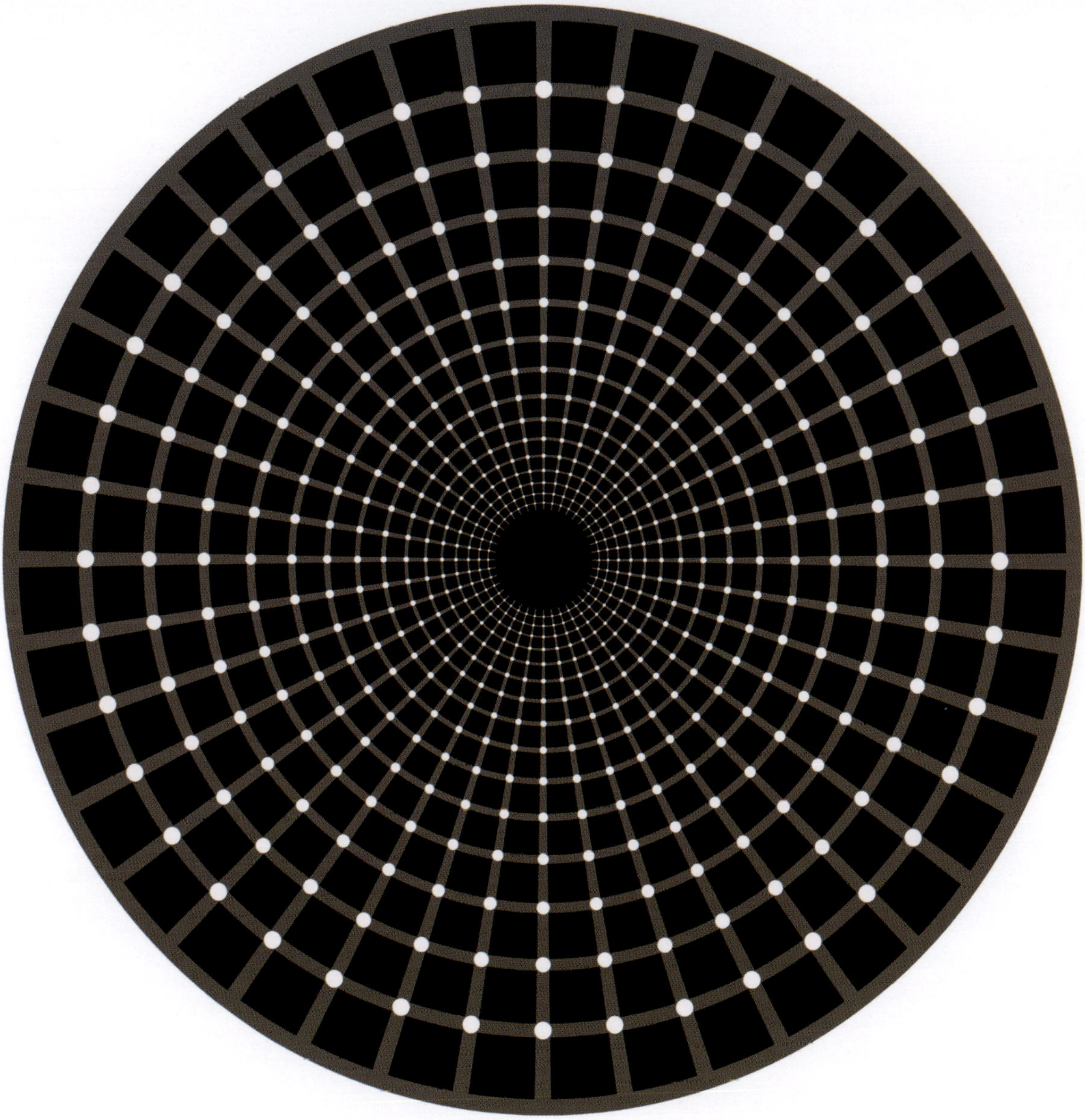

消える錯視

音楽

目を動かしていると、白い円の中に黒いドットが現れたり消えたりするように見えます。これは、きらめき格子錯視と呼ばれます。一方、中心を見つめていると白い円が見えなくなるのは、ディスク消失錯視と呼ばれます。本作品の独創性は、この２つの錯視を一つの図で見せることのみにあります。これらの錯視は私の発見ではないので、誤解されないように。

TRICK POINT

◉ 白い円が消えてなくなる!?

きらめき格子錯視は1997年にシュラオフらが発表した錯視で、消失錯視は2000年にニニオとスティーヴンスが発表した錯視である。

［解説］
EXPLANATION
11

なぜ消えるのか？

消失錯視のしくみ

まわりが消えてしまうトロクスラー効果

古くから知られている消える錯視には、トロクスラー効果があります。どこか1点を見つめていると、視線の合っていないところにある視覚像が消えてしまう現象です。消えやすいものは、背景との輝度（明るさ）が近く、しかも境界がはっきりしない像です。作品「蛍」（P114）は、トロクスラー効果が起きやすい図そのものです。

これらの消える錯視において、対象はなぜ消えるのかと聞かれたら、私達視覚研究の専門家は「フィリングインが起こるから」とうっかり答えてしまいますが、なぜフィリングインが起こるかを言わなければ、何も言っていないのと同じですから、猛省が必要です。

フィリングインと言いますのは、ある特定の部分が、周囲の色やテクスチャで埋められてしまうことです。ネオン色拡散（図1）や、水彩錯視（Pinna et al., 2001）（図2）は、背景の白の部分に色味がフィリングインされる現象です。（視細胞のない）盲点に対応する視野部分に穴が開いて見えないのも、フィリングインのおかげです。

「あさがお」（P112）と「音楽」（P115）は、ニニオとスティーヴンスの消失錯視（Ninio and Stevens, 2000）のデザインです（図3）。線の先にあるドットが消えて見えやすいという現象です。すなわち、ドットの上に線がフィリングインする錯視です。フィリングインの説明にはいろいろなモデルがありますが、それらを概観するには紙面を要するので、別の機会に譲りたいと思います。

文献
Bonneh, Y. B., Cooperman, A., and Sagi, D. (2001) Motion-induced blindness in normal observers. Nature, 411, 798-801.a
Ninio, J. and Stevens, K. A. (2000) Variations on the Hermann grid: an extinction illusion. Perception, 29, 1209-1217.
Pinna, B., Brelstaff, G., and Spillmann, L. (2001) Surface color from boundaries: a new 'watercolor' illusion. Vision Research, 41, 2669-2676.

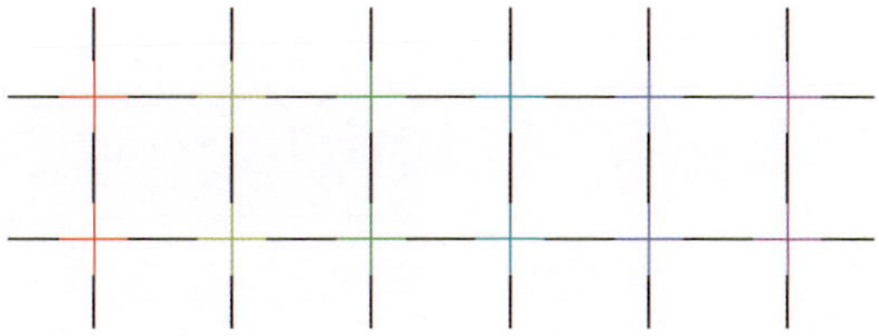

図1　ネオン色拡散

垂直・水平の格子の交点付近の線を着色すると、背景にその色が滲み出して見える現象である。図では、各色の「透明なパッチ」が、十字を覆うような姿で見える。

図2　水彩錯視

波線に囲まれた回廊部分は背景の白と同じであるが、波線の内側の色と同じ色に色づいて見える。

注目が集まっている運動誘導性消失錯視

現在の視覚研究の現場で「消える錯視」の話題というと、何と言っても運動誘導性消失錯視（motion-induced blindness）（Bonneh et al., 2001）です。運動誘導性消失錯視とは、動くものが近くにあると、静止した明瞭なドットが時々消えてしまうように見える錯視のことです。ですから将来「動画が見える本」が開発されるまでは、読者の皆様にはインターネット等でご覧いただくしかありません。彼らのウェブページには、充実したデモがあります（http://www.weizmann.ac.il/home/masagi/MIB/mib.html）。

図3

ニニオとスティーヴンスの消失錯視をわかりやすく示した図。黒いドットは９つあるが、どれか１つを見ていると、他のドットが消えて見えやすい。

Chapter5
顔の錯視とだまし絵

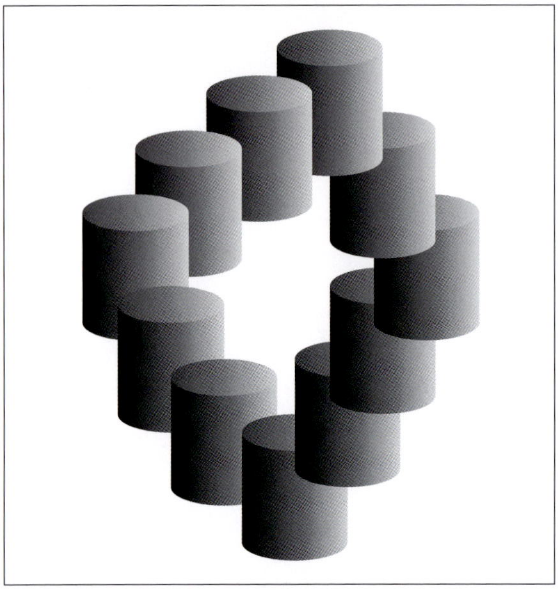

おもしろ錯視が続々登場
高次の知覚現象を見てみる

「顔の錯視」というカテゴリーは、従来ありませんでした。顔の錯視としては、本章でも取り上げていますが、サッチャー錯視とウォラストン錯視くらいしか知られていなかった可能性があります。そのサッチャー錯視も顔特有の現象ではないのではないかと指摘されることがありますし、ウォラストン錯視についても錯視というよりは普通の視覚機能であるといえるのですが、そう知りつつも、顔の話はやはりおもしろいので、ここではそれらの作品を一挙に紹介したいと思います。

　本章では、だまし絵などについてもいろいろ紹介していきます。なお、顔の錯視とだまし絵の取り合わせは偶然ではなく、どちらも高次の知覚現象であるという点が共通しています。

Chapter5

拡大する錯視

蝶

蝶がゆっくり拡大して見えます。最適化型フレーザー・ウィルコックス錯視のタイプⅠを用いています。

また、放射状方向にガクガク感もあります。これは、サッカードの後に起こる動きの錯視です。作品「音波」（P106）「蛇の放電」（P107）の説明をご覧下さい。なお、このようなデザインでは中心部分にはあまり錯視効果がないので、何を描いても邪魔になりません。そこで、人物を描いてあるのですが、それは注意は引くものの、錯視の効果はないと考えられます。

色の錯視　スカート

ストライプがぎらぎらして見えます。これはオプ効果です（詳細はP110）。使われている赤は１色ですが、オレンジとマゼンタの２色で描かれているように見えます。これは、「色の同化現象」です。黄の縞の間では赤は黄味を増し、青の縞の間では青味を増して見えます。

色の錯視　顔色がよくなる錯視

土気色の顔でも、赤の縞模様を手前に置くと、赤に誘導されて顔色がよくなります。これは、「色の同化」によるものです。心理学や神経生理学などでしばしば研究される色の同化は、色の付いた細い線の色に背景が染まって見えるというもので、「顔色がよくなる錯視」にも使えます。

形の錯視　さかさま顔の過大視

顔をさかさまにすると大きく見える、という錯視です。顔でない図形をさかさまにしても、特に大きく見えないので、これは顔特有の幾何学的錯視（形の錯視）と考えられます。なお、さかさま顔が下に描かれているのは、上方の過大視という錯視があることに配慮してのことです。

顔の錯視　横顔の顔 ガクガク錯視２

目と口が多い顔というよりは、観察者の目が落ちつかないかのように、顔が縦方向にガクガクして見えます。「顔ガクガク錯視」というのは、仮に付けた名称で、古くから知られている現象。京都の平安神宮や吉田神社などの追儺式（節分祭）で悪鬼を追い払う方相氏は４つ目です。

傾き錯視

おねえさん傾き錯視

おねえさんは水平に並んでいますが、左に傾いて見えます。これは顔の錯視ではなく、フレーザー錯視（P064）の仲間です。おねえさんの半身像の下の輪郭が左に傾いているのが原因です。

文献：Kitaoka, A. (2007) Tilt illusions after Oyama (1960): A review. Japanese Psychological Research, 49, 7-19.

顔の錯視

サッチャー錯視のイラスト版

左の図は笑顔の女性を描いたイラストをさかさまにしたもので、右の図は左の図の目と口をそれぞれ上下反転させたもの。右の図をさかさまにして見ると、かなり奇妙な顔になっていることがわかります。この錯視はサッチャー錯視と呼ばれています。

太って見える錯視

メタボ錯視

太っている人ほど、背が低く見えるという錯視です。

仮説を立ててみました。「太っていると重力がより強くかかるように見えるので、背が低く見える」というものです。図を90度倒して観察してもこの錯視は起こるので、この仮説はおそらくダメですね。

テレビの錯視　視線方向が変わって見えない画像変換（左図）視線方向が変わって見える画像変換（右図）

テレビを正面ではない場所から見てると、アナウンサーの視線が自分の方を向いているように見える場合と、見えない場合があります。そう見える場合（左図）は、テレビのみかけが「視線方向が変わって見えない画像変換」になっていると考えられます。一方、アナウンサーの視線が自分から離れるように見える場合（右図）は、テレビのみかけが「視線方向が変わって見える画像変換」になっていると考えられます。顔画像を平行四辺形以外の形（たとえば台形）に変換（パース変換）すると、視線方向はその奥行き手がかりが示す方向に変わって見えます。

顔の錯視　ウォラストン錯視

向かって左の顔はこちらを見ているように見えますが、向かって右の顔は向かって右の方向を見ているように見えます。しかし、絵としては、両者とも同じ目です。この錯視を視線方向の錯視あるいはウォラストン錯視といいます。

顔の錯視　上下方向のウォラストン錯視

左の顔の目はこちらを見ているように、右の顔の目はやや下の方向を見ているように見えます。ウォラストン錯視は、目の中の黒目の位置と顔の向きの左右関係によって視線の左右方向が知覚されることを暗示していますが、本作品では上下方向を問題としてみました。

形の錯視　箱入り娘

左の人は右の人よりもスマートに見えますが、両者はまったく同じ形で同じ大きさの絵。シェパード錯視に同化した（キャプチャされた）現象と考えられます。シェパード錯視は、左の平行四辺形と右の平行四辺形は同じ形・大きさなのに、左の方が細長く見えるという錯視です。

形の錯視　赤い屋根

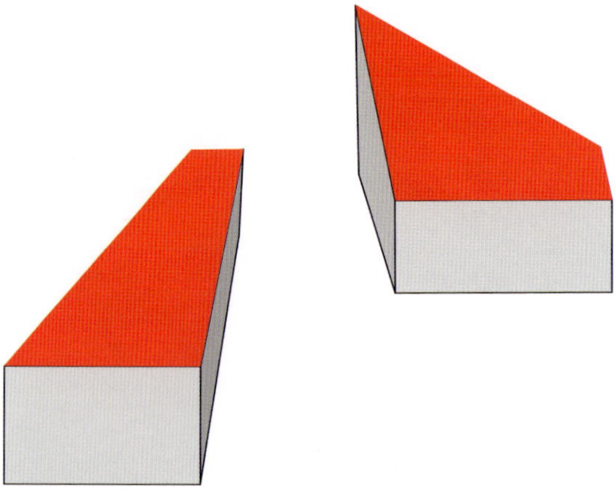

赤い屋根は合同（形と大きさが同じ）なのですが、左の屋根は右の屋根に比べて細長く見えます。

これはずいぶん形が違って見えますが新型錯視ではなく、シェパード錯視（「箱入り娘」参照）のバリエーションと考えられます。

形の錯視　箱傾き錯視

左右の箱は同じ絵ですが、右の箱の奥は左よりも右に振っているように見えます。これは、「斜塔錯視」（Kingdom et al., 2007）という最近報告された錯視と同じ現象と考えられます。斜塔錯視は、ピサの斜塔の写真を２枚横に並べると、傾きが違って見えるという錯視です。

文献：Kingdom, F. A. A., Yoonessi, A., and Gheorghiu, E. (2007)
The Leaning Tower illusion: a new illusion of perspective.
Perception, 36, 475-477.

不可能図形　芯なし不可能トイレットペーパー

本作品はシンプルな（奥行きの）不可能図形です。ＡはＢよりも手前にあり、ＢはＣよりも手前にあれば、物理的にはＡはＣよりも手前にあるという推移律が成り立ちますが、２次元の絵画の世界ではそこをだますことができ、ＡはＣよりも奥にあるということが描けるのです。

形の錯視

動くルビンの盃

ルビンの盃の図形が動いて見えます。ルビンの盃は、同じ絵が盃に見えたり、向かい合っている横顔に見えたりする図地反転図形です。

動いて見えるのは、最適化型フレーザー・ウィルコックス錯視のタイプⅡaによるものです。

反転図形

メールボックス

本図がメールボックスのように見える場合、右上から見たもの、右下から見たもの、左上から見たもの、左下から見たものの4つの見えが入れ替わります。これまでの反転図形（ネッカーの立方体やシュレーダーの階段など）では、2つの見えが切り替わるだけでした。

写真錯視

錯視砦の三錯視

左の階段は左向きに、中央の階段は中央向きに、右の階段は右向きに見えますが、3枚とも同じ写真です。斜塔錯視（「箱傾き錯視」参照）の一種と考えられます。また、階段の踏面が傾いて見えます。これは、ゆがんだ階段錯視 (skewed staircase illusion)（對梨, 2005）です。

對梨成一（2005）階段の水平踏面が傾いて見える錯視の実験的解明　心理学研究, 76, 139-146.

写真錯視

奥穂高湖

だまし絵といえば、本物そっくりに描かれた絵（トロンプルイユ）、不可能図形、反転図形、さかさ絵、隠し絵などに分類されますが、本作品はトロンプルイユに該当します。穂高岳の西側に湖があるように見える合成写真。写真の上半分を上下反転させて貼り合わせているだけです。

EPILOGUE

本書は、『トリック・アイズ』シリーズとしては初めて、サイエンス志向を強く打ち出しています。2005年刊の『トリック・アイズ　グラフィックス』でも、錯視の基本図形のカタログページを付けたり、英語の説明文を併記するなど工夫を凝らしましたが、今回はさらに学術的な専門性を高めています。とはいえ、学術専門書そのものではありませんから、見やすさや読みやすさは今まで通りの『トリック・アイズ』です。

本書を読んでいただいた方には、「錯視にもいろいろな種類がある」ということがわかっていただけたかと思います。ただ、本書はそのつくりの関係上、錯視をまんべんなく収録できているわけではありません。第一に、線画が中心の幾何学的錯視（形の錯視）のほとんどは登場していません。その理由を手短に言えば、色数の多い本書では見栄えがしないと思ったからです。しかし、それぞれの錯視はおもしろいですから、他の専門的な書籍にも当たっていただければうれしいです。

第二に、動画の錯視も収録していません。これは、「動く絵本」が開発されるまでは無理ですね。しかし、静止画が動いて見える錯視だけが運動視の錯視というわけではない、ということは強調しておきたいと思います。第三に、明るさの錯視を収録しませんでした。その理由は、色数の多い本書では見栄えがしないと思ったからです、と言いたいところなのですが、私が発見した明るさの錯視の種類が少ないから作品数も少ない、というさえない事情もあります。

いずれにしても、本書の読者の皆様に錯視のサイエンスをお楽しみいただけたとするならば、無上の喜びです。サイエンスは娯楽です。

トリック・アイズシリーズ

トリック・アイズ

シリーズ第1弾。
誰にでも見える不思議なイラスト集。
著・監修：北岡明佳　定価：¥1,260（税込）
ISBN 4-901782-11-8

トリック・アイズ2

シリーズ第2弾。だまされる快感を
追求したイラストを掲載。
著・監修：北岡明佳　定価：¥1,260（税込）
ISBN 4-901782-16-9

脳が活性化する魔法のイラスト集
トリック・アイズ ブレイン

「脳に刺激を与えたい」「疲れた脳を癒す」
「集中力を高める」など状況に応じた錯視作品を紹介。
著・監修：北岡明佳　定価：¥1,344（税込）
ISBN 4-901782-71-1

もっと脳が活性化する魔法のイラスト集
トリック・アイズ ブレイン2

さらに楽しくパワーアップしたブレイン2。
脳が活性化するイラストが満載です。
著・監修：北岡明佳　定価：¥1,344（税込）
ISBN 978-4-86255-001-9

トリック・アイズ グラフィックス

美しくデザイン性の高い作品を多数収録。
錯視カタログも保存性が高い。
著・監修：北岡明佳　定価：¥1,974（税込）
ISBN 4-901782-53-3

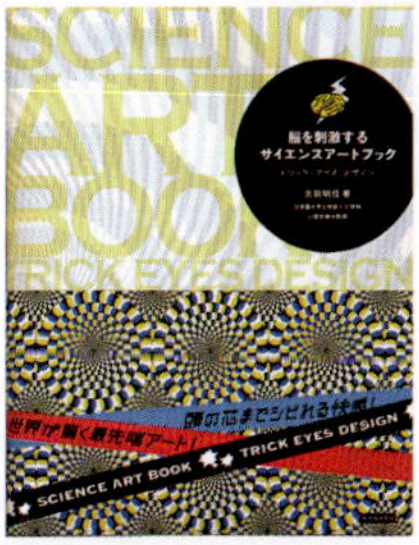

脳を刺激するサイエンスアートブック
トリック・アイズ デザイン

美しさを追求した作品があなたの脳を刺激する!
頭の芯までシビれるアートブック。
著・監修：北岡明佳　定価：¥1,800（税込）
ISBN 978-4-901782-96-8

お問い合わせ

株式会社カンゼン
TEL 03-5295-7723　http://www.kanzen.jp
錯視デザイン作品の商業利用に関するお問い合わせを受け付けています。

著者 北岡明佳（きたおか あきよし）

1961年高知県生まれ。1991年筑波大学大学院博士課程心理学研究科修了。教育学博士。1991年東京都神経科学総合研究所主事研究員、2001年立命館大学文学部助教授を経て、2006年より立命館大学文学部教授。専門は知覚心理学。第９回ロレアル色の科学と芸術賞金賞受賞。2007年、日本認知心理学会から第３回独創賞を受賞。主な著書として『トリック・アイズ』シリーズ（カンゼン刊）、『だまされる視覚』（化学同人刊）、監修として『脳はなぜだまされるのか？ 錯視完全図解』（ニュートン刊）がある。

[北岡明佳の錯視のページ] http://www.ritsumei.ac.jp/~akitaoka/

[北岡明佳の錯視ワールド] http://www.kanzen.jp/trickeyes.html

装丁・デザイン　C'est la vie

人はなぜ錯視《さくし》にだまされるのか？

トリック・アイズ メカニズム

発行日　2008年7月28日　初版
　　　　2010年4月28日　第2刷　発行

著　者　北岡 明佳

発行人　坪井 義哉

発行所　株式会社カンゼン
〒101-0021
東京都千代田区外神田2-7-1 開花ビル4F
TEL　03（5295）7723
FAX　03（5295）7725
http://www.kanzen.jp/
郵便振替　00150-7-130339

印刷・製本　株式会社シナノ

ISBN 978-4-86255-020-0
Printed in Japan
定価はカバーに表示してあります。
●本書に関するご意見、ご感想に関しましては、kanso@kanzen.jpまでEメールにてお寄せ下さい。お待ちしております。

●北岡明佳制作の錯視デザインに関しまして、商業利用を希望される場合は、弊社までお問い合わせください。trickeyes@kanzen.jp

●錯視デザイン作品を長時間見続けると気分が悪くなることがありますので、適度な休憩をとりながらお楽しみください。

また、まばたきによって錯視を楽しむ作品につきましては、まばたきのやり過ぎにご注意ください。

特に、目に病気のある方は、まばたきを使ってのご鑑賞はご遠慮ください。